COURS
ARABE VULGAIRE

PAR

A. GORGUOS

PROFESSEUR DE LANGUE ARABE AU LYCÉE D'ALGER
MEMBRE DE LA SOCIÉTÉ ASIATIQUE DE PARIS

Ouvrage autorisé par le Conseil de l'instruction publique

DEUXIÈME PARTIE

1º VERSIONS ARABES
2º VOCABULAIRE FRANÇAIS-ARABE

DEUXIÈME ÉDITION

PARIS

LIBRAIRIE DE L. HACHETTE ET Cⁱᵉ

BOULEVARD SAINT-GERMAIN, Nº 77

CHEZ TOUS LES LIBRAIRES DE L'ALGÉRIE

1865

COURS

D'ARABE VULGAIRE

DEUXIÈME PARTIE

AUTORISATION UNIVERSITAIRE.

Le Conseil de l'instruction publique, ouï le rapport qui lui a été fait sur le *Cours d'arabe vulgaire*, par M. A. GORGUOS, est d'avis qu'il y a lieu de l'autoriser dans les établissements universitaires comme étant l'ouvrage le plus complet, le plus exact et le plus clair qui ait paru jusqu'ici sur les éléments de l'*arabe vulgaire* parlé en Algérie.

Le secrétaire général du Conseil,
GUIGNIAUT.

Paris, le 7 septembre 1849.

Le COURS D'ARABE VULGAIRE, par A. Gorguos, se compose de deux parties qui se vendent séparément :

PREMIÈRE PARTIE. — *Éléments de grammaire arabe; thèmes et vocabulaire français-arabe.* 1 vol. in-12.

Le même ouvrage, suivi de la traduction en arabe des thèmes contenus dans le volume. 1 vol. in-12.

DEUXIÈME PARTIE. — *Versions arabes*, suivies d'un vocabulaire arabe-français. 1 vol. in-12.

Le même ouvrage, suivi de la traduction en français des versions contenues dans le volume. 1 vol. in-12.

Imprimerie générale de Ch. Lahure, rue de Fleurus, 9, à Paris.

COURS
D'ARABE VULGAIRE

PAR

A. GORGUOS

PROFESSEUR DE LANGUE ARABE AU LYCÉE D'ALGER
MEMBRE DE LA SOCIÉTÉ ASIATIQUE DE PARIS

DEUXIÈME PARTIE

1° VERSIONS ARABES
2° VOCABULAIRE FRANÇAIS-ARABE

Ouvrage autorisé par le Conseil de l'instruction publique

DEUXIÈME ÉDITION

PARIS

LIBRAIRIE DE L. HACHETTE ET CIE

BOULEVARD SAINT-GERMAIN, N° 77

ET CHEZ TOUS LES LIBRAIRES DE L'ALGÉRIE

1865

[illegible]
[illegible]
[illegible]
[illegible]
[illegible]
[illegible]
[illegible]
[illegible]
[illegible]
[illegible]
[illegible]
[illegible]

أمثال وحكم

من يزرع يحصد :: من يصبر ينلّ :: من جدّ
وجد :: من حفر بيرًا لغيره وقع فيها :: اخدم
تربح :: من زرع الشرّ حصد الندامة :: من كثُر
عياله كثُرت احزانه :: اسأل ترشد :: عاون روحك
الله يعاونك :: القنوع عن قليل غنًى :: سامح
عدوك يسامحك الله :: تعرف الصديق في
زمان الضيق :: من كان له الطمع مركبًا
كان له الفقر صاحبًا :: من وقّر اباه طالت
ايّامه :: إذا كنتَ كذّابًا فكُن ذكيرًا :: رأى
الشيخ خير من شهادة الغلام :: ارسل حكيمًا
لا توصِه :: سائل الله لا يخيب :: لا تأمن

٢

الأمير إذا عشّك الوزير .. كل كلب ببابه نبّاح .. الحسد داء لا يبرأ .. نباح الكلاب لا يضرّ السحاب .. لا يأكل الحديد الا الحديد .. البخيل كالحمار يحمل الذهب والفضّة ويعتلف بالتبن .. الكلام فضّة والسّكوت ذهب، الصبر مفتاح الفرح

٣

واحد في اليد خير من عشرة بطيرة .. جمرة من يد الحبيب تفّاحة .. المستحي والمستكبر لا ينال العلم .. الندم على السكوت خير من الندم على القول .. اطلب الجار قبل الدار والرفيق قبل الطريق .. إذا كان حبيبك عسلاً لا تأكله كلّه .. قلب

الحمق في يده ولسان العاقل في قلبه ؞ لا
تنظر إلى من قال وانظر إلى ما قال ؞
سلطان بلا عدل كنهر بلا ماء ؞ اول
الغضب جنون واخره ندم ؞ في راس
اليتيم يتعلم الحجام

٣

صدفة المرأة الارملة

ثم جلس يسوع بازاء الخزانة ينظر الجمع
كيف يلقي لخاسا في الخزانة واغنياء كثيرون
القوا كثيرا ؞ فجاءت امراة ارملة مسكينة
فالقت فلسين ؞ فاستدعى تلاميذه وقال
لهم الحق اقول لكم ان هذه الارملة المسكينة
القت اكثر من جميع الذين القوا في الخزانة

لِأَنَّ جميعهم القوا من فضل ما عندهم وهذ
الفت مع مسكنتها كلّ مالها وكل معيشتها

م

العرس في قانا   خبر يوحنا

وفي يوم الثالث كان عرس في قانا الجليل
وكانت أُمّ يسوع هناك ودُعِي ايضًا يسوع
وتلاميذه إلى العرس وكان الخمر قد نفدت
فقالت ام يسوع له ليس لهم خمر فقال لها
يسوع مالي ولك ايتها المرأة لم تأتِ ساعتـ ـي
ساعتي فقال أُمّه للخدّام اعملوا كل ما يامركم
به، وكان هناك ست اجاجين من حجارة
موضوعة لتطهير اليهود تسع كل واحدة مطرين
او ثلاثة: فقال لهم يسوع املوا الاجاجين

ماء ، بملوها إلى جوف و قال لهم يسوع ـ
استقوا الآن و ناولوا رئيس التّكة، ففعلوا
ذلك فلما ذاق رئيس التّكة ذلك الماء المتحوّل
خمرًا و لم يعلم من اين هو وكان الخدّام ـ
يعلمون انّهم استقوا الماء فدعا رئيس
التكاة العريس و قال له كل انسان انّما ياتى
بالخمر الجيد اوّلاً و إذا سكروا عند ذلك
ياتى بالدون و انت ابقيت الخمر الجيد
إلى الآن ٠، هذا فعل يسوع بدو والآيات
بقانا الجليل و اظهر مجده و آمن به تلاميذه

الولد المسرف   انجيل لوقا

كان انسان له ابنان ٠٠ فقال الاصغر

٤

منهما لابيه ، يا ابه اعطيني نصيب المال
الذي ينسب لي فقسم بينهما ماله :: وبعد
ايام قليلة جمع الابن الاصغر كل شئ ه
وسافر الى كورة بعيدة و بدّد ماله هناك
بعيش متراخي :: فلما نفد كل شئ حدث
جوع شديد في تلك الكورة فبدا يحتاج فمضى
والتصق برجل مدني من تلك الكورة فارسله
الى حقله ليرعى خنازير :: و كان يشتهي
ان يملا بطنه من الخرنوب التي كانت
الخنازير تاكلها ولم يعطه احد :: فرجع
الى نفسه و قال كم من اجراء في بيت ابي
يفضل عنهم الخبز وانا هاهنا اهلك ه
جوعًا :: اقوم وامضى الى ابي واقول له يا

ابه احطامت على السماء و قدامك :: ولست
مستحقًا ان أُدْعَى لك ابنًا لكن اجعلنى كاحد
من اجرائك :: فقام وجاء الى ابه و فيما هو
من بعيد نظره ابوه بتحنّن واسرع واعتنفه
وقبّله وقال له ابنه يا ابه احطامت على السماء
وقدامك ولست مستحقًا ان أُدْعَى لك ابنًا
فقال ابوه لعبيده فدّموا سريعًا الحُلّـــة
الاولى والبسوه واعطوه خاتًّما بيده و
وحدا في رجليه :: واتوا بالعجل المعلوف
واذبحوه ونأكل ونتنعّم الان ابنى هذا كان
ميتًا فعاش وضالًّا فوجده فبدوا يفرحون
وكان ابنه الاكبر في الحقل فلما جاء وقرب من البيت
سمع اتّفاق الاصوات و الغناء ::

فدعا واحدًا من الغلمة وساله ما هذا، فقال

له إن اخاك قدم وذبح ابوك العجل المعلوف

لانه قبله معافى. فغضب ولم يرد ان يدخل

فخرج ابوه وبدا يطلب إليه فاجاب وقال

لابيه كم لي من السنين اخدمك ولم اخالف

قط وصيتك ولم تعطني قط جديًا

واحدًا اتنعم به مع اصدقائي واما جاء

ابنك هذا الذي اكل ماله مع الزانيات

ذبحت له العجل المعلوف. فقال له يا ابني انت

معي في كل حين وكل شي لي هو لك وكان

ينبغي ان نولم وليمة ونفرح لان اخاك

هذا كان ميتًا فعاش وضالًا ووجد ،،،

٧

وصايا الله   سفر الخروج

و قال الله كلّ هذا القول إنّى أنا الرّب
إلهك الذى اخرجتك من بيت العبودية
من ارض مصر: لا يكن لك اله اخر عندى
لا تتّخذ لك صورة ولا تمثيل كل ما فى السماء
من فوق ولا ما فى الارض من اسفل ولا ما فى
الماء من تحت الارض: لا تحلف باسم الرّب
الهك كاذبًا من اجل انه لا يزكى الرّب من
حلف باسمه كاذبًا: اذكر يوم السّبت ه...
لتطهره: ستة ايام اعمل عملك جميعه
و اليوم السابع سبت الرّب الهك لا تعمل فيه
ادنا عمل انت وابنك وابنتك وعبدك وامتك

ودوابك وكل من يسكن قريبك ، من اجل ان في
ستّة ايّام خلق الرّب السماء والارض والبحار وما
فيها واستراح في يوم السابع .: من اجل ذلك
بارك اللّه في يوم السبت وطهّره .. اكرم اباك
وامك ليطول عمرك في الارض التي يعطيك
الرّب إلهك .. لا تقتل .: لا تزن .. لا تسرق ..
لا تشهد على قريبك شهادة زور .. لا تشته
بيت قريبك ولا تشته آمرأته ولا عبده ولا
امته ولا ثوره ولا حماره ولا شيئاً مما لقريبك

٨

هلاك شمشون   سفر القضاء

فاخذ اهل فلسطين شمشون وفقعوا عينيه
وشدّوه بالسلاسل واتوا به غزّة وحبسوه

1. b.

في السجن وطحنوه بالرحى ، وبدى شعر
راسه ينبت من بعد ماحلفوه .. ورؤساء اهل
فلسطين اجتمعوا جميعًا ليذبحوا ذبيحة
عظيمة لداغون الههم وصنعوا وليمة
وقالوا دفع إلهنا في ايدينا عدونا الذى هو
شمشون .. و نظره الجمع كله و كانوا يعظمون
إلههم قائلين فدفع الهنا في ايدينا عدونا
الذى اخرب ارضنا واكثر قتلانا .. ولما أكلوا
وشربوا وطابت انفسهم قالوا ادعوا شمشون
ليلعب قدامنا فدعوا شمشون من السجن وكان
يلعب بين ايديهم واقاموا اياه بين عمودين
فقال شمشون للصبى الذى يمسكه بيده ..
دعنى امسك الاعمدة التى البيت عليها حتى

اتوكّل عليها واستريح قليلاً ٥

٩

وكان البيت ممتليًا من الرجال والنساء ٥

وكان هناك جميع رؤساء اهل فلسطين

وبوق سطح البيت نحو ثلاثة الاف من الرجال

والنساء ينظرون الى شمشون اذكان يلعب ٥

ودعا شمشون الرب وقال الطلب اليك يا ربّى

إلهى ان تتذكرنى وتقوينى كمثل من اول ـا

إلهى لا انتقم من اعدائى بدفعة واحدة ٥

نقمة عينى اثنتيهما واخذ شمشون ـ

العمودين الثابت عليهما البيت واحدهما

بيمينه والاخر بشماله وقال شمشون تهلك

نفسى مع اهل فلسطين وسحب العمودين

بقوّة بسقط البيت على جميع رؤساء الفلسطين وعلى جميع الشعب الحاضرين فيه و كان الموتى الّذين اماتهم بموته اكثر من الذين قتلوا في حياته

١٠

براوات

المجد لله وحده   لا حول ولا قوّة الا بالله

إلى المعظم كبير البلاد و اهلها السيد لطالند في سبيل السلام عليك، و على من انتسب إليك اما بعد فاني علي بن الحجام رجل ذو عيال واولاد ليس لي حرفة ولا صناعة نستعين بها على معيشتي لانى طالب علم وانك تعلم ان الطلبة لا حرفة لهم .. فقد بلغني ان السيد علي بن البحّار مسافر الى تونس

فإن قضى الله بسعره بالمطلوب منك ومن
كريم فضلك ان تجعلني في موضعه وهو
موضع في دار الصدقة بالجامع الاعظم :: هـ
وانت تسأل عني اكابر البلاد مثل العلماء بجازاك
الله خيرًا والسلام :: في شهرعشت سنة ١٨٤٦ ::
وان سألت عني فانا ساكن في بازاردو
ديوان نمرو ٦

١١

الحمد لله وحده ، نسأل باسمه احسانه
الى محبتنا الفاضل الزكي السيد محمد بن
الحداد السلام عليك ورحمة الله تعالى هـ
وبركته :: اما بعد :: فقد بلغنا كتابك العزيز
مع الشيخ المعني السيد الحاج محمد وحمد

الله على سلامتك وعافيتك .. والآن نه
نخبرك ان مصطفى بن المختار إن اردت
خلاصه من السجن مابعث له الب.. ونبك جعلوها
عليه عفوية .. ولا زايد سوى الخيم .. والسلام
وكُتِبَ بامر المعظم العلّامة السيد علي بن
هلة قاضي ببيرو اعرب بالمدية لتاريخ اوايل
ربيع الثاني سنة ١٢٩٤

٢٦

الحمد لله ، صلّى الله على سيدنا محمد
وآله ، الى حضرة محبنا واعزّ الناس إلينا
السيد فلان ، بعد السلام عليكم التّام ، يليه
قد بلغنا الاعتز خطابك واول ما استهدنا
ميه سلامتكم و حمدنا الله تعالى على ذلك وبعد

١٢

يا نعم الحبيب ، انك اردت مريدة ، وبان
وجدتها فبل ان نسافر الى فسطنطينة
اشتريتها لك اوإلّا جانو نوصى القبايل
ان يشتروها ويبعثوهالك لاجل ان نسافر
انا مع شفع النار الآتى ، والله يجمعنا
واياك في ساعة سعيدة ، امين ، وهذا ما منّا
اليكم و عليكم السلام ·· وفي ذى القعدة خلت
منه ثلاث ايام عام ١٢٩٠

١٣

الحمد لله وحده ، و به نستعين ، الى
حضرة الاجل الارفع المرعى سيدى ولان
قنصل برنسيس، السلام عليكم ، وبعد
نعرّفكم ان اليوم نحو اربعة ايام فتلوا مـ

رجلاً سمساراً يقال له الفقيه صالح ، وكذلك
سمعنا ان قدر غانيين خيلاً تجمعوا على وطن
في قرب تونس. ولم يجدوا هناك سوى بعض
رجال الشيوخ ونسا تجار يروبا في الناس كلهم في
الزيتون يطلبوا منهم العطور فاجابوهم فائلين
نحن ما عندنا شيء والناس كلهم في الزيتون
يقطفون، وعند ذلك دخل منهم اربعة
برسان في دار فنهبوا جميع ما فيها خبيب
وخرجوا، وبلغنا ايضاً أنَّ رجلاً يقال له
محمد الخزويبي وهو في سابق الزمان في
المعبة والان افتقر وضعف حاله صار
بسروق ومعه طبيل صغير دائماً صحبته وعندهما
رؤود ملان بالبسيسة وتلك البسيسة

مخلطة بد فيق فمح و بد فيق شعير وغير ذلك
من الزرارع و هى معشوشة بزريعة التكرورى
مكذلك بذهبان الى الاطرفة و كلما يجد ا
احدا عابرا يعرضا عليه من تلك البسيسة
ياكل مكل من الكل سنها دوّخ ووقع ب
الارض مطروحا في الحين ثم انهما بيسلبانه
من ثيابه وجميع ما عنده ،،

عم ١

ولم يكن حتى الان من عروف بعدلهما
لكن اليوم انكشف حالهما وسبب ذلك
انّه فد كانا اختلسا جبّة بباعاها في السوف
ماشقوا ها عسيان اسمه حمود وبعد مدّة
ذهب بها الى تونسر ولقاه يومّا ربّها

و تمكّن به و قال له اعطاجبني فتخاصما

عليهما حتى وصلت قضيتهما الى الباى

فحكم الباى على الصبيان ان يردّ الجبّة

لربها و يمشى يفتّش على صاحبه السارف

فصار كذلك و بدا الصبيان يفتّش على

السارف فوجده اولا مس فتمكّن به

و جعل له حديدًا برجليه واتى به الى الباى

فسجنه الباى في القصبة .. فهذا ما سمعنا

عرضنا سيادتك به و السلام من عبدك

وخديمك عبد الرحمن بن عبد الله ،

في ٢ محرم سنة ١٢٩٠ ،،

١٥

الحمد لله وحده .. و السلام على عباده

الذين اصطفى عن إذن الشيخ الإمام قاضي
المالكية في التاريخ وهو السيد فلان وفقه
الله بمنّه وسدّده الى حضرة المعظم الاجلّ
سيدى فلان وكيل ريبوبليك فرانسيس في
التاريخ بعد المسالة و الملاحة كثّر الله خيرهِ
و اعانك على فعل الخير امين ، بالمعروض على
مسامعك فيه خير إن شاء الله تعالى وانّه
وقعت لَدَيْنا الولية عائشة بنت على
النجّار شاكية بصهرها المكرم على الزيّا
وانّها كانت خاصمت معه على بنان ه
نفقة وثبتت لها الحقّ ولم يرضَ بذلك ولا
اذّى لها نفقة ابنه :: فالمراد منك ان ه
نبعث له ويؤدى لها ما وجب عليه

وهذا إما مِنّا إليكم عرّفناكم به وعليكم هـ
السلام التّام ، في شهر ربيع الاول سنة ١٢٩٤

١٦

الحمد لله ، إلى محبّنا سي احمد بن علي
السلام عليكم ، وبعد ، كنت قبل ارسلت
اليك كتابًا بقصد ان نتقدم الينا لان اتكلم
معك بما جاوبتني : والآن المراد منك ان
نتقدم على عجل من عينه تراح حتى ايـدعـ
معك بعد الامور التي بيها صلاحي وصلاحكم
ولا تتأخر من القدوم .. وكذلك
اعرّفك ان بلغ مركب من مرسيليه لوسق
الزيت، واذا كان مرادك تبيع الزيت الذى
عندك جاقدم الينا به، والسلام من

محبكم الحاج على بن قاسم ؛،

١٧

إلى حضرة سعادة الجنيرال الكبير وحُّره

الملوك في الجزاير بالسياسة والتدبير .. اما

بعد المسالة الصادقة والحرمة الائقة نعم حضرتك

العائقة وقد بلغنى مكتوبك الربيح تامر

فيه ان نعطى دارًا من ديار الحبس لسى

على بن حمدان قائد وطن بنى موسى ..

بما علم يا نعم الامير انّه كان كتب لى يعقو

نفسه بأجبته بأنى ليس لى عندى دار

بارعة ولكن بنحضرلك في احباس الجوبى

او سبيل الخيرات ونسعى لك في تحصيلها

والان لما جاءنى امرك ما قصرت في التعتيش

و السؤال ولكن تعيّن الجواب بأنه بفحص بنفسه عان وجد دارًا بارعة تليق به معنى له بما يحبّ ، ولكن لا تخرج أحدًا من الساكنين جبرًا عليه و فهرًا لأنّه ليس من شانك ذلك ولا من شاني ، ودمتم في امان الله ، من الفقيه المعترف بالعجز التفصير مصطفى ابن محمد المجتبى المالكي

١٨

الحمد لله ، باسمه نسأل احسانه ، اسعد الله سعادة القبول حضرة المعظم المحترم الموصوف بالرحمة و الشفقة لجميع الناس خصوصًا العلماء والطلبة واصحاب الاعذار وهو كبير اهل

البلد سيدى لهاندان سيبيل و مّما اخبرك

به كنت خطيبًا و إمامًا ووكيلا بجامع على

جنين كما كانوا اصلاً من قبلى خلف على

سلف من تاريخ لسنة لمّا اخذوا اوقاب

الجامع الذى كان بيدى ذات يوم بعثوا لى

عشر دورو من دار الصدقة و قالوا لى ندفع

لك و كل شهر هذا العدد و انّما بعثوا لى

خمسة اشهر و قد قطعوا منذ سنة وسبعة

اشهر و الان ما بيدى شى ولى عيال و انا سافط

من رجلى و اعور من عينى و من الله ارجو ثم

منك ان تعين على ما نستفيت به لانك موصوف

بالملاحة و المليح لا يضيع المليح و استجسر

انظر البلد ليخبروك عن حالى لانك لا

تقبل إلا الحق ، وهذا ما سنا اليك .. والله الموفق للصواب واليه المرجع .. والسلام من الراجى عفو الرحيم العلى إبراهيم بن احمد وفقه الله بمنه .. امين ، غرة شهر رجب سنة ١٣٢٠

١٩

الحمد لله وحده .. والامر كله له ، إلى حضرة المعظم المحترم سيدى بلان اسعده الله السلام عليكم ورحمة الله وبركته ، والمطلوب متك ومن كريم فضلك ان تنعم على هذه الايتام وهم اولاد بنت السيد محمد بن عيسى ، العون ، لان اباهم مات .. وترك زوجة وبنتا وابناوهم فقراء بما جعل لهم شيئا من الصدقة وعليكم

السلام عن إذن السيد مفتى الحنفية
بتاريخ ١٩ يوليوم اكتوبر سنة ١٨٤٥

٢٠

الحمد لله وحده ، لا رب غيره ولا
محبوب سواه ، حفظه الله بحفظه حضرة
الاجل المبجل الارفع الموفر الاعز سيدى
الحاج عثمان بن مصطفى ، السلام عليكم
ورحمة الله وبركته ، اما بعد ان سألتم
عنا فنحن طائبون وعن احوالكم هـ
سائلون ، بلغنا جوابكم العزيز مفرانا
وبهمناه ، يحمدنا الله تعالى على عافيتكم ، وما
عرفتنا به إنك تقصد مرسيلية ببضاعة
زيت وصوف ما استحسناه ولاكن يا

محبتنا انت رجل لا تعرف تتكلم باللغة
النصرانية وكيف تستطيع التجارة في
بلادهم ، ما اسمع كلام خذ معك رجلاً
عارفًا باللسان الطليانى او البرنصاوى
يكون لك ترجمانًا و به تقضى امورك في
البيع والشراء فإن لم تجد في مدينتكم
احدًا يعرف باحدى اللغتين المذكورتين
بعزومونى بجواب وانا ارسل اليك اخى عبد الباري
وانه قد سافر وسالعاب بر النصارى وتعلم
لسانهم كما ينبغى وانا اضمنك من
جانبه لانه رجل مليح ومشعور في البلاد
بالامانة وما تعطيه من الاجر يقنع هو
به ، و السلام من عبدكم و خديمكم .

محمد بن حسين بأ... شعبان سنة ١٢٩٠ ؟،

٢١

عن ابى الفدا

مولود النبى

انّما ابو رسول الله صلّى الله عليه وسلّم
وهو عبد الله بن عبد المطّلب وكانت ولادة
عبد الله المذكور قبل الفيل بخمس وعشرين
سنة وكان ابوه يحبّه لانّه احسن اولاده
واعقّهم: ومات عبد الله بيثرب ولرسول
الله شهران وقيل كان حملاً وجميع ما
خلّفه عبد الله خمسة اجمال وجارية حبشية
اسمها بركة وكنيتها أمّ ايمن وهى هـ
حاضنة رسول الله واما أمّ رسول الله فهى امنة

بنت وهب بن عبد مناف بن زهرة بن كلاب
بن مرة بن كعب بن لؤي بن غالب بن فهر
وهو قريش :

٢٢

يخطب عبد المطلب بن وهب ابنته هـ
آمنة لعبد الله برّوجه بها فولدت رسول
الله صلى الله عليه وسلم يوم الاثنين لعشر
خلون من ربيع الأول من عام الفيل وكان
قدوم الفيل في منتصب المحرم تلك السنة
وهى الثانية والأربعون من ملك كسرى انوشروان
وهى سنة احدى وثمانين وثمانمائة لغلبة
الاسكندر على دارا وهى سنة الف وثلثمائة
وست عشرة لبخت نصر :

٣٠

٢٣

رضاع النبى

كانت المراضع يقدمْنَ من البادية إلى مكة يطلبن أن يُرضعْنَ الاطفال بعُدهم عِدّةً منهن وأخذت كل واحدة طفلًا ولم تجد حليمة طفلًا فأخذته عبى رسول الله ::

وكان يتيمًا فد مات ابوه :: فلذلك لم يرغبنَ فى اخذه لا نّهُنَّ كنَّ يرجين الخير من ابى الطفل ولا يرجين من أُمّه باخذته حليمة وتسلّمته من أُمّه امنة وارضعته ومضت به إلى بلادها وهى بادية بنى سعد :: بوجدت من الخير والبركة ما لم تعهده قبل ذلك ثمّ قدمت به إلى مكة وهى احرص النـاس

على مكثه عندها فقالت لِأُمّه آمنة او نمـ
توكِّلت ابنك عندي حتّى يغلظ مانى احشى
عليه وباء مكة ولم تزل حتّى تركته معها
ماخذته وعادت به الى بلاد بنى سعد
وبقى رسول الله هناك ..

٢٣

ولمّا كان بعض الايّام و رسول الله مع
اخيه من الرضاع خارجًا عن البيوت إذْ
اتَى ابن حليمة أمه ومالها ذلك الغريشّى
قد اخذه رجلان عليهما ثياب بيض ..
باضجعاه و شقّا بطنه ؛ فخرجت حليمة
وزوجها نحوه فوجدوه قائمًا فقالا مالك
يابنى ؛ فقال جاءنى رجلان باضجعانى

و شقّا بطنى فقال زوج حليمة لها :: فد
خشيتُ ان هذا الغلام فد أُصيبَ
بالحقيه باهله فاحتملتّه حليمة وفدمت
به إلى امّه امنة :: فقالت امنة ما فدمك به
وكنتِ حريصة عليه فابدت حليمة عذرًا لم
تقبله امنة منها وسالتها عن الصبيح
فقالت التخوّف عليه من الشيطان فقالت
امّه امنة كلا والله :: ما للشيطان عليه
من سبيل إنّ لابنى شانًا ..

٢٥

سفرة النبى إلى الشام فى
تجارة لخديجة

كانت خديجة تاجرة دات شرف ومال

فلمّا بلغها صدف رسول الله وأمانته
عرضت عليه الخروج في تجارتها إلى الشام مع
غلام لها يقال له ميسرة . فأجاب إلى ذلك
وخرج رسول الله حتى قدم الشام ومعه ـ
ميسرة وباع ما كان معه واشترى ـ
عوضه ثم أقبل قافلاً إلى مكة ولما قدم رسول
الله بمال خديجة وحدثتها ميسرة بما شاهده
من كرامة النبي وأنّه كان شاهد ملكين ـ
يظلّانه وقت الحرّ بعرضت خديجة نفسها على
النبي بتزوّجها وأصدقها عشرين بكرة وهي
أوّل امرأة تزوّجها ولم يتزوّج غيرها حتى ماتت
وكان عمر النبي لمّا تزوّجها خمساً وعشرين سنة
وكان عمرها يومئذ أربعين سنة

وكانت إيمان ، ولم يتزوج رسول الله بكرًا
غير عايشة ، وخديجة أول من آمن برسول
الله وبقيت معه بعد مبعثه عشر سنين هـ
وتوفيت قبل الهجرة بثلاث سنين :

٢٦

تجديد عمارة الكعبة

كانت الكعبة قصيرة البناء فأرادت قريش
رفعها فهدموها :: ثم بنوها حتى بلغ البنيان
موضع الحجر الاسود فاختصموا فيه لان كل
قبيلة ارادت ان ترجعه إلى موضعه :: ثم هـ
اتفقوا ان يحكموا اول داخل من باب الحرم
وكان رسول الله اول داخل فحكموه فامرهم
ان يضعوا الحجر في ثوب وان يمسك كل قبيلة

بطرف من الاطراف و ان يرجعه الى موضعه
ففعلوا ذلك .: واخذه رسول الله عند
وصوله الى موضعه بوضعه بيده موضعه
ثم اتمّوا بناء الكعبه وكانت تُكْسَى القباطى
ثم كُسِيت البرود واول من كساها الديباج
الحجاج بن يوسف ،،

٢٧

حديث الهجرة

واما ما كان من حديث الهجرة بانّه لمّا
علمت قريش انّه قد صار لرسول الله
انصار وان اصحابه بمكّة قد لحقوا بهم
جاءوا من خروج رسول الله الى المدينة
باجتمعوا واتّفقوا على ان ياخذوا من كل

فبيلة رجلًا ليضربوه بسيوفهم ضربة رجل
واحد ليضيع دمه في القبائل .. وبلغ ذلك
النبي فأمر عليًّا ان ينام على فراشه وان
يتشح ببرده الاخضر وان يتخلّف عنه هـ
ليؤدّى ماكان عند رسول الله من الودائع
إلى اربابها وكان الكفّار قد اجتمعوا على
باب النبي يرصدونه ليثبوا عليه .. فاخذ
رسول الله حفنة نراب وجعل ذلك التراب
على روس الكفّار فلم يروه .. فاتاهم آتٍ
وقال ان محمدًا اخرج ووضع على روسكم
التراب .. وجعلوا ينظرون يرون عليًّا
عليه يرد النبي ويقولون محمد نائم .. فلم
يبرحوا كذلك حتى اصبحوا فقام على

فعرفوه و أقام على بمكة حتى أدى هـ
ودائع النبي. وقصد النبي لما خرج
من داره دار أبى بكر وأعلمه بأن الله قد
أذن بالهجرة. فقال أبو بكر الصحبة يا رسول
الله قال الصحبة. فبكى أبو بكر فرحاً واستأجرا
عبد الله بن أريقط وكان مشركاً ليدلهما على
الطريق. ومضى النبي وأبو بكر الى غار
بثور ودخل ... مكة فاما ما بيه
ثم خرجا من الغار بعد ثلاثة أيام وتوجها
الى المدينة ومعهما عامر بن بهيرة مولى
أبى بكر الصديق و عبد الله بن أريقط
الدليل وهو كافر

وجدّت قريش في طلبه و تبعه سراقة بن
مالك المدلجي ليلحق النبي فقال ابو بكر
يا رسول الله ادركنا الطلب :. فقال له
النبي لا تحزن ان الله معنا :. ودعى رسول
الله على سراقة فارتطمت فرسه الى بطنها
في ارض صلدة فقال سراقة ادع الله يا محمد
ان يخلصني ولك ان اردّ الطلب عنك
فدعا له النبي فخلص ثم تبعه فدعا النبي
عليه فترطّم ثانيًا فسأل الخلاص وان يردّ
الطلب عن النبي فاجابه النبي ودعا
له فرجع سراقة وردّ كل من لقيه من الطلب
وقدم رسول الله المدينة :،:

٢٩

غزوة بدر الكبرى

هى الغزوة التى اظهر الله به النبى ۞ وكان
من خبرها انه قدم لقريش عِيرٌ من الشام
مع ابى سفيان بن حرب و معه ثلثون رجلًا
فندب رسول الله الناس اليهم ۞ فبلغ ابا
سفيان ذلك فبعث الى مكة واعلم قريشنا
ان النبى يقصده ۞ فخرج الناس من مكة سراعًا
فلم يتخلف من الاشراف غير ابى لهب ﻫ
وبعث مكانه العاص بن هشام ۞ فكانت عدّتهم
تسعمايه وخمسين رجلًا فيهم مِاية فرس ۞
وخرج رسول الله من المدينة لثلاث خلون
من رمضان سنة اثنتين للهجرة و معه

ثلثمائة وثلثة عشر رجلاً منهم سبعة
وسبعون من المهاجرين :. والباقون من الأنصار
ولم يكن فيهم إلا فارسان أحدهما المقداد بن
عمرو الكندي بلا خلاف والثاني فيل هو
الزبير بن العوام وفيل غيره :. وكانت
الإبل سبعين يتعاقبون عليها :. ونزل رسول
الله الصحراء وجاءته الأخبار بأن العير
قاربت بدراً وأن المشركين قد خرجوا
ليمنعوا عنها ثم ارتحل رسول الله ونزل ببدر :
على أدنى ماء من القوم

٣٥

وأشار سعد بن معاذ ببناء عريش لرسول
الله :. يجلس فيه ومعه أبوبكر وأقبلت

قريش ولمّا رآهم رسول الله قال اللهمّ هذا
قريش قد اقبلت بخيلائها و جمرها تكذّب
رسولك اللهمّ فنصرك الذى وعدتنى
و تقاربوا و برز من المشركين عتبة بن
ربيعة و شيبة بن ربيعة والوليد بن عتبة
وامر النبى ان يبارز عبيدة بن الحارث بن
المطلب عتبة وحمزة عمّ النبى شيبة وعلى
بن ابى طالب الوليد ابن عتبة فقتل
حمزة شيبة وعلى الوليد وضرب كل
واحد من عبيدة وعتبة صاحبه وكرّ على
وحمزة على عتبة فقتلاه و احتملا عبيدة
وقد قطعَت رجله ثم مات وتزاحف القوم
ورسول الله و معه ابو بكر فى العريش وهو

يدعو ويقول اللهمّ إن تهلك هذه العصابة

لا تُعبَد في الارض · اللهمّ الجزني ما وعدتني

ولم يزل كذلك حتى سقط رداؤه موضعــه

ابو بكر عليه وخفق رسول الله خفقة ثم

انتبه فقال ابشر يا ابا بكر وفد اتى

نصر الله · ثم خرج رسول الله من العريش

يحرّض الناس على القتال واخذ حفنة من

الحصباء ورمى بها قريشًا وقال شاهت

الوجوه ثم قال لاصحابه شدّوا عليهم ·

وكانت الهزيمة · وكانت الوقعة صبيحة

الجمعة لسبع عشرة ليلة خلت من

رمضان ونصر الله نبيه بملائكته وجاء

الخبر الى ابى لهب بمكة عن مصاب اهل

بدر ولم يلبث غير سبع ليالٍ ومات عثمان

٣١

غزوة الخَنْدَف

كانت غزوة الخندف في شوال سنة اربع،
وبلغ رسول الله تحزّب قبائل العرب بامر
بحفر الخندق حول المدينة، وظهرت للنبي
وحفر الخندق عدّة معجزات، منها ان ه
ابنة بشير بن سعد الانصاري وهي اخت
النعمان بن بشير بعثها أمّها بقليل تمر
غداء ابيها بشير وخالها عبد الله بن رواحة
فمرّت برسول الله فدعا بها وقال هاتي ما
معك يا بنية قالت وصببت ذلك ه
التمر في كفي رسول الله بهما امتلأتا، ثم دعا

رسول الله بثوب فبدّد ذلك التمر عليه
ثم قال للإنسان اصرخ في اهل الخندق ان
هلموا الى الغداء فجعلوا ياكلون منه
وجعل يزيد حتى صدر اهل الخندق عنه
وانه ليسقط من اطراف الثوب

٣٢

ومنها ما رواه جابر قال كانت عندى
شويهة غير سمينة فامرت امراتى ان تخبز
فهي شعير وان تشوى تلك الشاة ه
لرسول الله :: وكنا نعمل في الخندق نهارًا
ونتصرف اذا امسينا واذا انصرفنا من
الخندق قلت يا رسول الله صنعت لك
شويهة ومعها شيئًا من خبز الشعير وانا احب ان تنصرف

الى منزلي: فامر رسول الله من يصرخ في
الناس ان انصرفوا مع رسول الله الى بيت
جابر فقلت إنّا لله وإنا اليه راجعون
وكان قصدى ان يمضى رسول الله
وحده: و اقبل رسول الله و الناس معه ::
وقدّمنا له ذلك مبرّك و سمّى ثم اكل
و تواردوها الناس كلّما صدر عنها فوم
جاء ناس حتى صدر اهل الخندق عنها [٣]

٣٣

و روى سلمان الفارسى قال كنت قريبًا
من رسول الله وانا اعمل في الخندق
بتغلّظ على الموضع الذى كنت اعمل فيه فلمّا
رأى رسول الله شدّة المكان اخذ المعول
[٣٦]

وضرب ضربة لمعت تحت المعول برقة ثم
ضرب اخرى ولمعت برقة اخرى ثم ضرب
اخرى ولمعت برقة الاخرى فقلت يا
رسول الله ما هذا الذى يلمح تحت المعول
قال ارايت ذلك يا سلمان فقلت نعم
فقال اما الاولى بان الله فتح على بها اليمن
واما الثانية بان الله فتح على بها الشام
والمغرب :: واما الثالثة بان الله فتح
على بها المشرق ::

عمر

ويرجع رسول الله من الخندق وافبلت
فريثروا احابيشها واقام المشركون بضعًا
وعشرين ليله و رسول الله مقابلهم ويسر بينهم

فتال غير المراماة بالنبل ثم خرج عمرو بن
عبد ودّ يريد المبارزة فبرز إليه علي بن
أبي طالب ؛ فقال عمرو يا ابن اخي
والله ما احبّ ان اقتلك ؛ فقال علي
لكنّي والله احب ان اقتلك فحمي
عمرو عند ذلك ونزل عن فرسه وعقره
واقبل الى علي وتجاولا وعلا عليهما الغبرة
وسمع المسلمون التكبير وعلموا ان هـ
عليّا قتله وانكشفت الغبرة وعلي على
صدر عمرو يذبحه ؛ ثم ان الله تعالى اهبّ
ريح الصبا ؛ وكان ذلك في ايام شاتية ؛
فجعلت تكبا قدورهم وتطرح ابنيتهم
ورمى الله بينهم الاختلاف فرحلت فريش

عزوة خيبر

حكى ابو رافع مولى رسول الله قال خرجنا
مع علي حين بعثه رسول الله الى خيبر
فخرج اليه اهل الحصن فقاتلهم على
فضربه رجل من اليهود فخرج ترسه على
من يده وتناول بابًا كان عند الحصن
فتترس به ولم يزل في يده وهو يقاتل
حتى فتح الله عليه ثم القاه من يده
فلقد رايتني في سبعة نفر انا ثامنهم
نجهد على ان نقلب ذلك الباب فما
نقلبه .. وكان فتح خيبر في صفر سنة
سبع للهجرة ..

49

٣٦

مرض رسول الله

لمّا قدم رسول الله من حجّة الوداع اقام بالمدينة :· وابتدى برسول الله مرضه في اواخر صفر وهو في بيت زينب بنت جحش وكان يدور على نسائه حتى اشتدّ مرضه وهو في بيت ميمونة بنت الحارث فجمع نساءه واستاذنهن في ان يمرّض في بيت احداهن فاذنّ له ان يمرّض في بيت عايشة فانتقل اليها :· وفي اثناء مرضه وهو في بيت عايشة خرج بين الفضل بن العباس وعلى بن ابى طالب حتّى جلس على المنبر :· فحمد الله ثمّ

قال أيها الناس من كنت جلدت له ظهراً فهذا ظهري فليستقد مني ومن كنت شتمت له عرضاً فهذا عرضي فليستقد منه ومن أخذت له مالاً فهذا مالي فلياخذ منه ولا يخش الشحناء مني فانها ليست من شأني ثم نزل وصلى الظهر ثم رجع الى المنبر وعاد الى مقالته فاداعى عليه رجل ثلاثة دراهم فاعطاه عوضها ثم قال ألا أن بصوح الدنيا اهون من بصوح الاخرة

٣٧

وفاة رسول الله

وتزايد به مرضه حتى توفي يوم الاثنين

ضحوة النهار و فيل نصب النّهار :: فالت
عايشة رايت رسول الله وهو يموت وعنده
فدح فيه ماء يدخل يده في الفدح ثم يمسح
وجهه بالماء ثم يقول اللهم اعنّى على
سكرات الموت :: فالت و ثقل في حجرى
وذهبت انظر في وجهه فاذا بصره قد
شخص وهو يقول بل الرفيق الاعلى فالت
فلما قبض وضعت راسه على وسادة
وقمت التدم واضرب وجهى مع من
النساء وكانت وفاته يوم الاثنين لاثنتى
عشره ليلة خلت من ربيع الاول :: وحكى
القاضى شهاب الدين في تاريخه فال
باقتحم جماعة على النبى ينظرون اليه

وقالوا كيف يموت وهو يشهيد علينا لا والله
ما ماتت بل رُفع كما رُفع عيسى ونادوا على
الباب لا تدفنوه بان رسول الله لم يمـــت
متربصوا به حتى ربى بطنه :: وخرج عمه العباس
وقال والله الذى لا إله إلا هو لقد ذاق رسول
الله الموت ::

٣٨

منتخبات من كتاب الـ
ليلة و ليله
الحمار و الثور ::

كان لبعض التجار اموال ومواشٍ وكان الله
تعالى اعطاه معرفة لسن الحيوانات والطير
مسكن ذلك التاجر الارياف وكان عنده ::

في داره حمار و ثور جاءني يومًا الثور إلى مكان
الحمار فوجده مكنوسًا مرشوشًا و في معلبه
شعير مغربل و تبن مغربل و هو رافه مستريح
و في بعض الاوقات يركبه صاحبه لحاجة تعرض
له و يرجع على حاله، فلما كان في بعض الايام
سمع الناجر الثور و هو يقول للحمار
هنيئًا لك ذلك: انا تعبان و انت مستريح
تاكل الشعير مغربلًا و يخدموك و في بعض
الاوقات يركبك صاحبك و يرجع و انا
دائمًا للحرث و الطحين: فقال له الحمار اذا
خرجت ووضعوا على رقبتك النّاب فارقد
و لا تقم و لو ضربوك فان قمت فارقد ثانيًا فاذا
رجعوا بك ووضعوا لك الفول فلا تأكله

كأنك ضعيف وامتنع من الاكل والشرب
يوماً او يومين او ثلاثة بانك تستريح من التعب
والجهد وكان التاجر يسمع كلامهما :

٣٩

ولما جاء السواف الى الثور بعلفه اكل منه
شيئًا يسيرًا فاصبح السواف ياخذ الثور للحرث
فوجده ضعيفًا فقال له التاجر خذ الحمار وحرثه
مكانه اليوم كله :: فرجع الرجل واخذ الحمار مكان
الثور وحرّثه مكانه اليوم كله ولما رجع اخر
النهار شكره الثور على تفضّلاته
حيث اراحه من التعب في ذلك
اليوم :: فلم يردّ عليه الحمار جوابًا و ندم اشدّ
الندامة :: فلما كان ثاني يوم جاء الزرّاع

واخذ الحمار وحرثه الى اخر النهار ولم يرجع الا

مسلوخ الرقبة تنديد الضعف بتأمله الثور

وشكره و مجده :: فقال له الحمار كنت مقيمًا

مستريحًا بما ضرّنى الا فضولى ؛ ثم قال اعلم انّ

لك ناصح و قد سمعت صاحبنا يقول ان

يفر الثور من موضعه اعطوه للجزار ليذبحه

ويعمل جلده قطعًا :: و انا خايف عليك ونصحتّ

و السلام :: فلمّا سمع الثور كلام الحمار شكره

وقال بح غدا اسرح معهم ثمّ ان الثور اكل

علبه بتمامه حتى لحس المذود بلسانه كل

ذلك وصاحبهما يسمع كلامهما :: فلما طلع

النهار خرج التابع الى دار البقر وجلس يحمل

السوّاق و اخذ الثور وخرج فلّما رأى الثور

صاحبه حرك ذنبه وضرط و برطع :: بضحك
التاجر حتى استلقى على قفاه ؟؟

الـبـازى

كان ملك من الملوك يحب الفرجـة
والتنزه والصيد وكان له بازِ رباه ولا يفارقه
ليلاً ولا نهاراً و يبيت طول الليل حامله على يده
واذا اطلع على الصيد باخذه معه و عمل له
طاسة من الذهب معلقة في رقبته يسقيه
منها وبينما الملك جالس واذا بالوكيل على
طير الصيد يقول يا ملك الزمان هذا اوان
خروج إلى الصيد :: فاستعد الملك للخروج
واخذ البازى على يده وصاروا الى ان وصلوا

الى وادٍ و نصبوا شبكة الصيد .. واذا بغزالة وقعت في تلك الشبكة .. فقال الملك كل من كانت الغزالة من جهته فقتلته .. فضيّقوا عليها حلقة الصيد .. واذا بالغزالة اقبلت الى الملك و تشبّثت على رجليها وحطّت يديها على صدرها كانها تفبل الارض للملك مطأطأً الملك للغزالة فجرت من جوف دماعه وراحت الى البرّ ..

أ٤

والتفت الملك الى العسكر فرأهم يتغامزون عليه .. فقال يا وزير ماذا يقول العسكر فقال يقولون انك قلت كل من كانت الغزالة من جهته يُقتَل .. فقال الملك وحياة راسى

3. a.

لا أتبعها حتى اجيئ بها: ثم طلع الملك
في اثر الغزالة ولم يزل وراءها: وصار البازى
يطلشها على عينيها الى ان اعماها ودوّخها
وسحب الملك دبوسًا وضربها بغلبها ونزل
فذبحها وسلخها وعلفها: فربوص السرج
وكانت ساعة حرّ وكان المكان فبراء لم
يوجد ماء فعطش الملك وعطش الحصان
فالتبت الملك ورأى شجرة ينزل منها ماء
مثل السمن: وكان الملك لابسًا كفّه
جلدًا فاخذ الطاسة من رقبة البازى
وملاء ها من ذلك الماء ووضع الماء قدّامه: واذا
بالبازى لطش الطاسة وقلبها فاخذ الملك
الطاسة ثانيًا وملاءها وظنّ ان البازى

عطشان بوضعه قدّامه فلطشتر مـ
الطاسة ثانيًا وقلبها :: فغضب الملك من
البازى وأخذ الطاسة ثالثًا وقدّمها للحصان،
فقلبها البازى بجناحه :: فقال الملك الـ
يُعيبك يا اشأم الطيور احرمتنى من الشرب
واحرمت نفسك واحرمت الحصان ثم ضرب
البازى بالسيف فرمى اجنحته ؟؟

٤٢

فصار البازى يقيم راسه ويقول بالاشارة
انظر الذى فوق الشجرة :: فرفع الملك عينه
فراى فوق الشجرة حية والذى يسيل سمّها
وندم الملك على قصر اجنحة البازى :: ثم
قام وركب حصانه وسار ومعه الغزالة حتى

وصل الى مكانه الاول فالقى الغزاله · الى
الطباخ وقال له خذها واطبخها ·· ثم جلس
الملك على الكرسى و البارى على يده ·
مشهق ومات ·· فصاح الملك حزنًا واسفا
على قتل البازى حيث خلصه من الهلك
٤٣

الزجاجى

كان فى بغداد رجل فقير الحال و قليل العقل
وكان له والد كبير السن ومات وحلب له
مائة درهم ·· فلما اخذ الرجل تلك الدراهم
تحير ولم يدر ما يصنع بها ·· فبينما هو كذالك
اذ ونح فى خاطره انه ياخذ بها زجاجا من
كل نوع ليتجر فيه ويربح ·· فاشترى بالمايه

درهم زجاجا وجعله في طبق كبير وقعد
في موضع ليبيع ذلك الزجاج.. وبجانبه حايط
فاسند ظهره اليه وقعد متفكرًا في نفسه
وقال إنّ راس مالي في هذا الزجاج مايةدرهم
وانا ابيعه بمايتي درهم ثم اشتري بالمايتي
درهم زجاجًا وابيعه باربعمايةدرهم ولا
ازال ابيع واشتري الى ان يبقى معي مال
كثير.. فاشتري به من جميع المتاجر والعطرية
هنّى اربح ربحا عظيما وبعد ذلك اشتري
دارًا حسنةً واشتري المماليك والخيل هـ
والسروج المذهبة واكل واشرب.. ولا
اخلّي مغنيةً في المدينة حتى اجيء بها
في بيتي واسمع مغانيها..

ع ع

هذا كله وهو يحسب في نفسه وفحص
الزجاج فذمه :. ثم قال وابعث جميع
المخاطبات في خطبة بنات الملوك والوزراء
واخطب بنت الوزير بغند بلغني انها
كاملة الحسن بديعة الجمال وامهرها
بالف دينار وان رضي ابوها حصل المراد
وان لم يرض اخذتها منها قهرا على رغم انفه
بان حصلت في داري اشتري عشرة
خدام صغار ثم اشتري لي كسوة الملوك و
والسلاطين واصنع لي سرجا من الذهب
مرصعا بالجواهر ثم اركب ومعي المماليك يمشون
حولي و قدامي وخلفي حتى اذا راني الوزير
فام اجلالا لاي وافعل بي مكانه ويقعد

هو دونی لانه صهری :. و یکون مسمی
خادمان بکیسین فی کل کیس الف دینار
ما عطلیه الف دینار مهر بنته واهدی الیه
الالف الثانی انعاما حتی اظهر له مروءتی
و کرمی وصغر الدنیا فی عینی :. ثم انصرف
الی داری :. باذا جاء احد من جهة امراتی
وهبت له دراهم وخلعت علیه خلعة
وان ارسل الی الوزیر هدیة رددتها علیه
ولو کانت نفیسة ولم اقبلها منه
حتی یعلموا انی عزیز النفس ولا اخلی
نفسی الا فی اعلا مکانه :.

٥٥

ثم اقدم النجم فی اصلاح شانی وتعظیمی

وامرهم بردّهما جميعا ثم اصلح دارى اصلاحًا

بينا باذ جاء وقت الجلاء لبست اخر

ثيابي وقعدت على مرتبة من الديباج لا

النعت يميناً ولا شمالاً لكبر عقلي ورزانة

بهمي ويجيء امرائي وهي كالبدر في

حليها وحللها وانا انظر اليها عجبًا

وتيهًا حتى يقول جميع من حضر يا

سيدي امراتك وجاريتك قائمة بين

يديك يانعم عليها بالنظر ثم يقبّلون

الارض مدّامى مرارًا وعند ذلك ارفع راسي

وانظر اليها نظرة واحدة ثم اطرق براسي

الى الارض يمصون بها وانوم وانا واغيّر

ثيابي والبس احسن من ما كان على

فاذا جاءوا بالعروسة المرّة الثانية لا انظر
اليها حتّى يسالوني مرارًا .. فانظر اليها ثم
اطرف براسي الى الارض ولم ازل كذلك حتّى
يتمّ جلاؤها ثم انى امر بعض الخدّام ان
يرمى كيسًا جيبه خمسمايه دينار للمواشط فاذا
اخذته المواشط امرتهن ان يدخلنني عليها
فاذا ادخلنني عليها لا انظر اليها و لا اكلمها
احتفارًا لها لاجل ان يقال انى عزيز النفس
حتى تجىء امها تقبّل راسى ويدى وتقول
لى يا سيدى انظر جاريتك فانها تشتهى
قربك فاجبر خاطرها بكلمة .. فلا اردّ عليها
جوابًا ولم تزل كذلك تستعطفنى حتّى تقوم
وتقبّل يدى مرارًا ثم تقول يا سيدى ان

بنتى صبية مليحة ما رأت رجلًا باذا رأت منك
هذا الإنقباض انكسر خاطرها بُجلّ اليهما
وكلّمها ثم انها تقوم و تحضر لى قدحًا مية شراب
ثم اى بنتها تأخذ القدح لتعطينى باذا جاء
تركتها قائمةً بين يديّ وانا متكى على ضُدّة
مزركشة بالذهب لا انظر اليهما من كبر
نفسى وجلاله فدرى حتى تظنّ فى نفسها
انّى سلطان عظيم الشان متغول يا سيدى
بحق الله عليك لا تردّ القدح من يد جاريتك
بانى جاريتك بلا اكلّمها بتلح عليّ وتغول
لا بدّ من شربه و تقدّمه الى فمى فانقبض
يدى فى وجهها و ارفسها و اعمزه
هكذا ثم ربسر برجله بجابت فى فمص

الزجاج وكان في مكان مرتفع متزلزلًا على الارض
وتكسّر كل ما فيه ..

٣٦

فصل ملوك الغوط

بلغني ان كانت في مملكة الغوط بلدة وبيها
قصر دائمًا مقفول وكلما مات ملك وتولى بعده
ملك اخر من الغوط رمى عليه قفلًا محكمًا
باجتمع على الباب اربعة وعشرون قفلًا من
كل ملك قفل: ثم تولى بعدهم رجل ليس من
اهل بيت المملكة.. فاراد فتح تلك الاقفال
ليرى ما داخل ذلك القصر بمنعه من ذلك
اكابر الدولة. وانكروا عليه وزجروه فابى
ولم يرجع عن فتحه ثم انه ازال الاقفال وفتح الباب

وفيها صور العرب على خيلها وجمالها

وعليهم العمايم المسيلة وهم مقلدون

بالسيوف وبايديهم الرماح الطوال

ووجد كتابًا فيه و اخذ الكتاب وقراه

فوجد مكتوبًا فيه اذا فُتِّح هذا الباب

يغلب على هذه الناحية قوم من العرب

وهم على هيئة هذه الصورة بالخذ ثم

الخذ رمن فتحه وكانت تلك المدينة بالاندلس

٤٧

يفتحها طارق بن زياد في تلك السنة

في خلافة الوليد بن عبد الملك من بنى امية

ومنّز ذلك الملك افتح قتله ونهب بلاده

وسبى من بها من النساء والغلمان وغنم اموالهم

ووجد بينها المائدة التي كانت لنبي اللـه

سليمان بن داود عليهما السلام وكانت على ما

ذُكِرَ من زمرد أخضر وأوانيها من الذهب

ومحابها من الزبرجد ونفيس الجواهر ووجد

فيها الزبور مكتوبًا بخط يوناني في ورق من

الذهب مغصوص بالجواهر ووجد فيها كتابًا

ذكر فيه منافع الأحجار والنبات والطلاسم وعلم

الكيميا من الذهب والفضّة ووجد كتابًا

آخر يحكي فيه صناعة صياغة اليواقيت مـ

والأحجار وتركيب السموم والترياقات وصورة

شكل الأرض والبحر والبلدان والمعادن ووجد فيها

مرآة كبيرة مستديرة صُنعت لنبي اللـه

سليمان بن داود إذا نظر الناظر فيها ظهر فيها رأى الأقاليم

السبعة ووجد فيها من الياقوت البهرمان
ما لا يحيط به وصف حمل ذلك كله الى وليد
بن عبد الملك ::

٤٨

مكرمة جعفر البرمكى

يحكى ان جعفر البرمكى لما صلبه هارون
الرشيد امر بصلب كل من نعاه او رثاه
فكف الناس عن ذلك :: باتفق ان اعرابيا
كان يباديه بعيدة وفى كل سنة ياتى بقصيدة
الى جعفر البرمكى المذكور فيعطيه الف دينار
جائزة على تلك القصيدة فياخذها وينصرف
ويستمر ينفق منها على عياله الى اخر العام
فجاء ذلك الاعرابى على عادته فلما جاء وجد

جعفر مصلوبًا فجاء إلى المحلّ الذي موضع

مصلوب به وأناخ راحلته وبكى بكاءً شديدا

وحزن حزنًا عظيمًا وأنشد القصيدة ونام

فرأى جعفر البرمكي في المنام يقول له

إنك قد أتعبت نفسك وجيتني فوجدتني

على ما رأيت ولكن توجّه إلى البصرة واسأل

عن رجل اسمه كذا وكذا من تجار بصرة وقل له

أنّ جعفر البرمكي يقرئك السلام ويقول لك

أعطني الف دينار بأمارة الحولة فلمّا انتبه

الأعرابي من نومه توجّه إلى البصرة وسأل عن ذلك

التاجر واجتمع به وبلّغه ما قال له جعفر في المنام

٣٩

فبكى التاجر بكاءً شديدًا حتى احتى كادان

يعارف الدنيا ثم انه اكرم الاعرابى واجلسه

عنده واحسن مثواه :: ومكث عنده ثلاثة

ايام مكرمًا ولمّا اراد الانصراف اعطاه البّا

وخمسمايه دينار وقال له الالب هى المأمور

لك به والخمسمايه إكرام منّى إليك ولك فى

كل سنة الف دينار :: وعند انصرافه قال

التاجر بالله عليك ان تخبرنى بخبر الغولة

حتّى اعرف اصلها :: فقال له انا كنت فى ابتداء

الامر بغير الحال اطوف بالغول الحازمى

شوارع بغداد وابيعه حيله على المعاشر

بخرجت فى يوم بارد ماطر وليس على بدنى

ما يقينى من البرد فتارة ارتعد من شدّة

البرد وتارة انفح ما المطر وانا فى حالة كريمة

وكان جعفر في ذلك اليوم جالسًا في قصره هـ
مشرف على الشوارع وعنده خواصه وحواشيه
برفع نظره على برقة لحالي وأرسل اليّ بعض
اتباعه بأخذني اليه وادخلني عليه فلمّا رأني
قال لي هل ما معك من البول على طائفتي
باخذت اكيله بكيال كان معي بكل من لخذ
كيلة بول علا ها ذهبًا حتى رفع جميع مامعي
ولم يبقَ في القبّه شيء ثم جمعت الذهب الذي
حصل لي على بعضه :: فقال لي جعفر هل بقي في
معك شيء من البول قلت لا ادري ثم فتّشت
القبّه فلم اجد فيها سوى بولـة واحدة
ما فيّدهما شتّى و بلغفها نصيبين :: باخذ
نصيبها واعطى النصيب الثاني لاحدى

محاطبة :: و قال بكم تشترين نصيب هذه
الجوهرة فقالت بقدر هذا الذهب مرتين
بصرت متحيراً في امري وقلت في نفسي
هذا محال وبينما انا متحجب واذا بالحظية
امرت بعض جواريها : يا حضرت ذهباً بقدر
الذهب المجتمع مرتين :: فقال جعفر وانا
اشترو النصيب الذي اخذته بقدر الجميع
مرتين :: ثم قال لي جعفر خذ ثمن مولك وامر
بعض خدامه بجمع المال كله ووضعه في غبنتي
واخذته وانصرفت ثم جئت الى البصرة والجوت
بما معي من المال موسع الله علي ولله الحمد
والمنة ماذا باذا اعطيتك في كل سنة العبد ديظ
من بعض احسان جعفر ما ضرني شي :: فانظر

مكارم اختلاف جعفر والثناء عليه حيا
ومينا وجهة الله تعالى عليه .:

٥٠

ذكر الصلح الذى صار بين يحيى بن خالد وبين عبد الله مالك الخزاعى

كان بين يحيى بن خالد وبين عبد الله
بن مالك الخزاعى عداوة فى القديم
وسبب العداوة بينهما ان امير المؤمنين
هارون الرشيد كان يحب عبد الله ابن مالك
هيبة عظيمة بجيش ان يحيى بن خالد واولاده
كانوا يقولون ان عبد الله يسحر امير المؤمنين
حتى مضى على ذلك زمان طويل والحقد

في قلوبهما ما اتبق ان الرشيد فلّد ولاية ارمينية
لعبد الله ابن مالک وسيّره اليها . فلمّا استقرّ
في تختها قصد، رجل من اهل العراق كان
فيه بفضل ادب وذكاء وبطنة الّا انّه ضاق
ما بيده، وبنى ماله . بزوّر كتابا على لسان
يحيى بن خالد الى عبد الله ابن مالک وساجم
اليه في ارمينية فلما وصل إلى بابه سلّم الكتاب
الى بعض حجّابه . بماخذه الحاجب وسلّمه الى
عبد الله بن مالک الخزاعى . بفتحه وقراه
وتدبره وعلم انه مزوّر . بامر باحضار
الرجل فلما تمثل بين يديه دعا له واثنى عليه
وعلى اهل مجلسه بقال له عبد الله بن مالک ما
حملک على بعد الشقّة ومجيئک الىّ بكتاب

مزوّر ولكن طب نفسًا باننا لا نخيّب ـ سعيك :. فقال الرجل اطال الله بقاء مولانا الوزير ان كان نقل عليك وصولى بلا تحتّج ـ في منعى بحجّة إن ادام الله واسعدّ والوازن حقّ :. والكتاب الذى اوصلته اليك من يحيى بن خالد صحيح غير مزوّر :. فقال عبد الله انا اكتب كتابًا لوكيلى ببغداد وآمره فيه ان يسأل عن حال هذا الكتاب الذى انبتى به :. فان كان ذلك حقًا صحيحًا غير مزوّر فلدتك امارة بعض بلادى او اعطيتك مائتى الف درهم مع الخيل والنجب الجليلة والتشريع إن أردت العطاء وان كان الكتاب مزوّرًا امرت ان تضرب مائتى خشبة

وان خلف لحينك :: ثم امر به عبد الله
ان يحمل الى حجرة ويُجعل له فيها مايحتاج اليه
حتى يتحقق امره ::

٥١

ثم كتب كتابًا إلى وكيله ببغداد مضمونه
انّه قد وصل إليّ رجل ومعه كتاب يزعم
انّه من يحيى بن خالد وانا اسئ الظن
بهذا الكتاب :: يجب ان لا تهمل هذا
الامر بل تمضى بنفسك و تتحقق امر هذا
الكتاب وتشرع إلى بدّ الجواب لاجل ان
نعلم صدقه من كذبه :: ملّا وصل اليه الكتاب
ببغداد ركب من ساعته ومضى إلى دار
يحيى بن خالد ومحلّه جالساً مع ندمائه

وخواصه بسم عليه وسلم اليه الكتاب بغزاه
يحيى بن خالد ثم قال للوكيل عد إلى من
الغد حتى اكتب لك الجواب :. ثم انبعث
إلى ندمائه بعد انصراف الوكيل وقال ما جزاء
من تحمل عني كتابًا مزورًا وذهب به
إلى عدوي بمقال كل واحد من الندماء
مقالًا وجعل كل واحد منهم يذكر نوعًا
من العذاب :. فقال لهم لحيى لقد اخطأتم
فيما ذكرتم وهذا الذي اشرتم به من دناية
الهمم وخستها وكلكم تغرمون قرب منزلة
عبد الله من امير المؤمنين وتعلمون ما
بيني وبينه من العضب والعداوة وقد سبب
الله هذا الرجل وجعله واسطة في الصلح

بيننا ووقّفنه لذلك وفيّضه ليُخمد نار الحقد
من قلوبنا وهي تتزايد من مدّة عشرين سنة
وتنصلح بواسطته شؤوننا ، وقد وجب عليّ
أن أُحبّ لهذا الرجل بتحقيق ظنونه واصلاح
ننونه وأكتب له كتابًا إلى عبد الله بن مالك
مضمونه أنّه يزيد في اكرامه و يستمرّ على
اعذاره واحترامه :: فلمّا سمع النّدماء ذلك
دعوا الله بالخيرات وتعجّبوا من كرمه وجود
مروءته : ثم انّه طلب الورقة والدّواة وكتب
إلى عبد الله بن مالك كتابًا بخطّ يده مضمونه
بسم اللّه الرّحمن الرّحيم : وصل كتابك اطال
الله بقاءك وفوّاته وتُسررت بسلامتك ،
وايّة تهجّت باستقلامتك وشمول سعادتك

وكان ظنتك ان ذلك الرجل الحرّ زوّر عنى
كتابًا ولم يحمل منى خطابًا وليس الامر كذلك بإنّ
الكتاب انا كتبته وليس بمزوّر، ورجائى من
اكرامك واحسانك وحسن شيمتك ان
تبقى لذلك الرجل الحرّ الكريم بامله وامنيته
وترعى له حقّ حرمته وتوصله الى غرضه
وان تخصّه منك بغامر الإحسان ووابر
الإمتنان ومهما بمعلته ﭘ حقّه بانا المقصود
به والشاكر عليه :: ثم عنون الكتاب وختمه
وسلّمه الى الوكيل::

٥٢

مانبذه الوكيل إلى عبد الله بجيبى فوأه
ابتهج بما حواه واحضرذلك الرجل وقال

٩٠.

له أيّ الامرين الذين وعدتك بها احبّ
اليك لاحضره بين يديك :: فقال الرجل
العطاء احبّ الىّ من كلّ شيء فامر له
بمائتى الف درهم وعشرة أجراس عربية خمسة
منها بجلال الحرير وخمسة بسروج المواكب
المحلّاة وبعشرين نختا من الثياب وعشرة
من المماليك ركّاب خيل وما يليق بذلك
من الجواهر المثمّنة :: ثم خلع عليه واحسن
اليه ووجّهه إلى بغداد في هيئة عطيمة
فلمّا وصل الى بغداد فصد باب دار يحيى
بن خالد منيلان يصل الى اهله وطلب
الاذن ي الدخول عليه :: فدخل الحاجب
الى يحيى وقال له يا مولاى انّ ببابنا رجلًا

ظاهرًا الحشمة جميلًا الخلقة حسن الحال
كثير الغلمان يريد الدخول عليك فأذن له
بالدخول . فلمّا دخل عليه قبّل الارض
بين يديه : فقال له يحيى من انت فقال
له الرجل ايها السيّد انا الذى كنت
ميّتًا من جور الزمان فاحييتنى من رمس
النوائب وبعثتنى إلى جنّة المطالب
انا الذى زوّرت كتابًا عنك واوصلته الى
عبد الله بن مالك الخزاعى . فقال له يحيى ما
الذى فعل معك واى شئ اعطاك . فقال
اعطانى من يدك ومن جميل طويّتك وشمول
نعمك وعمور كرمك وواسع فضلك حتّى
اغنانى وخوّلنى وهادانى وقد حملت جميع عطيته

ومواهبه وهامى ببابك والامر اليك والحكم
فى يديك: فقال له يحيى إنّ صنيعك معى
أجلّ من صنيعى معك ولك علىّ المنّة
العظيمة واليد البيضاء الجسيمة حيث
بدلت العداوة التى بينى وبين ذلك
الرجل المحتشم بالصداقة والمودّة:: وانا
اهب لك من المال مثل ما وهب لك عبد
الله بن مالك: ثم اموله من المال والخيل
والتّخوت بمثل ما اعطاه عبد الله:: فعادت
لذلك الرجل نعمته كما كانت بمرؤة هذين الكريمين::

٥۳

إحسان المأمون إلى الادباء

رُوى ان المأمون لم يكن فى خلفاء بنى العبّاس

اعلم منه في جميع العلوم، وكان له في كلّ
اسبوع يومان يجلس فيهما المناظرة العلماء
فيجلس المناظرون من الفقهاء والمتكلمين
بحضرته على طبقاتهم ومراتبهم، وبينما هو
جالس معهم اذ دخل في مجلسه رجل غريب
وعليه ثياب بيض رثة، فجلس في اخر الناس
وقعد من وراء الفقهاء في مكان مجهول
فلمّا ابتدؤا في الكلام وشرعوا في معضلات
المسائل وكان من عادتهم انّهم يديرون
المسألة على اهل المجلس واحدًا بعد واحد
بكلّ من وجد زيادة لطيفة او نكتة غريبة
ذكرها، بدارت المسألة إلى ان وصلت الى ذلك
الرجل الغريب فتكلم واجاب بجواب احسن من

أجوبة العلماء كلهم . واستحسن الخليفة كلامه وأمر أن يُرفّع من ذلك المكان الى أعلى منه كلما وصلت اليه المسألة الثانية أجاب بجواب أحسن من جواب الاول وأمر المأمون ان يرفع الى اعلى من تلك الرتبة فلما دارت المسألة الثالثة أجاب بجواب أحسن وأصوب من الجوابين الاولين ، وأمر المأمون ان يجلس قريبًا منه فلما انفضت المناظرة احضروا الماء وغسلوا ايديهم وأحضروا الطعام وأكلوا ثم نهض العلماء فخرجوا ومنع المامون ذلك الشخص من الخروج معهم وأدناه منه ولا طلبه ثم امره بمائتى ال... درهم وحمله على برسون وأعطاه ثيابا فاخرة وكان في كل مجلس يومعه على جماعة

العلماء حتى صار ارفع منهم درجة واعلى مرتبة ؛؛
والله يعلم

٥٤

مهزأة نشاط والٍ

كان بثغر الاسكندرية والٍ يقال له حسام
الدين وبينما هو جالس في جلسته ذات ليلة واذا
اقبل عليه رجل جندي وقال له اعلم يا مولانا
الوالي اني دخلت هذه المدينة في هذه الليلة
و نزلت في خان كذا ونمت فيه الى ثلث الليل
فلما انتبهت وجدت خرجي مشروطًا وقد
سرق منه كيس فيه البدرتان ؛ ولم يتم كلامه
حتى ارسل الوالي واحضر جميع من كان في
الخان ، وامر بسجنهم الى الصباح فلما جاء

الصبح امر باحضار آلة العقوبة واحضر هولاء

الناس بحضرة الجندى صاحب الدراهم واراد

عقابهم؛ واذا برجل قد اقبل وشق الناس حتى

وقف بين يدى الوالى والجندى وقال ايها

الامير اطلق هولاء الناس كلهم فانهم مظلومين

وانا الذى اخذت مال هذا الجندى وهاهو الكيس

الذى اخذته من خرجه ثم اخرجه من كمه

ووضعه بين يدى الوالى والجندى؛ فقال

الوالى للجندى خذ مالك و نسلمه بما يفى

لك على الناس سبيل؛ وصار الناس وجميع

الحاضرين يثنون على ذلك الرجل ويدعون

له؛ ثم ان الرجل قال ايها الامير ما السطارة

انى جئت اليك بنفسى واحضرت هذا الكيس

وانا الشطارة في اخذ هذا الكيس ثانيًا فقال

الخالي وكيف فعلت يا شاطر حين اخذته فقال

ايها الامير إني كنت وافعاي مصروف سوف

الصيارف اذ رأيت هذا الجندي لمّا صرّف هذا

الذهب و وضعه في هذا الكيس متبعته من

زفاف الى زفاف فلم اجد لي سبيلاً الى إخذ

المال منه ثم انه سامر متبعته من بلد الى بلد

وصرت احتال عليه في اثناء الطريق فما

قدرت على اخذه منه فلما دخل هذه المدينة

تبعته حتى دخل في هذا الخان منزلت الى

جانبه ورصدته حتى نام وسمعت عطيطه

فمشيت اليه قليلاً قليلاً و قطعت الخرج بهذا

السكين واخذت الكيس هكذا ومدّ يده واخذ

الكبير من بين ايادى الوالى والجندى و تأخّر إلى
حلب الوالى والجندى والنّاس ينظرون اليـــــه
ويعتقدون انّه يريهم كيف اخذ الكبير من مـ
الخرج ٠٠ و اذا به فدبجوى ورمى نفسه في بركة ٠
بمصلح الوالى وحاشيته و فال الخفوه و انزلوا
حلبه بما نزعوا ثيابهم و نزلوا في الدرج حتّى
كان الشاطر مضى في حال سبيله ٠٠ ومتشوا عليه
ولم يجدوه ٠٠٠ وذلك ان ازفة الاسكندرية كلّهم صـ
تنقبذ الى بعضها ٠٠ بمقال الوالى للجندى لم يبقى لك
عند النّاس حقّ لانّك عرفت عزيمك و تسلّمت
مالك و ما حفظته ٠٠

٥٥

امراة متصدّفة

مماليكي ان ملكًا من الملوك قال لاهل
مملكته لَئن تصدّق احد منكم بشئ لَا
قطعن يدا فامسكت الناس جميعًا عن الصدقة
ولم يقدر احد ان يتصدّق على احد فاتّفق
ان سائلاً جاء الى امراة يومًا من الايّام وقد
اضرّ بها الجوع وقال لها تصدّقى علىّ بشئ
فقالت كيف اتصدّق عليك والملك يقطع
يد كلّ من تصدّق فقال السائل بالله تعالى
ان تصدّقى علىّ فلمّا سالها بالله رقّت له
وتصدّقت عليه برغيفين فوصل الخبر
الى الملك فامر باحضارها فلمّا حضرت
قطع يديها وتوجّهت الى دارها ثمّ ان الملك
بعد حين قال لامّه انّى اريد الزواج

بزوّجيني امرأة جميلة فقالت ان في جوارنا
امرأة لم يوجد احسن منها ولكن بها عيوب
شديدة. قال وما هو قالت مقطوعة اليدين
قال اريد ان انظرها فاتت بها اليه؛ ولمّا
نظرها اعتنى بها وتزوجها وكانت تلك
المرأة هي التي تصدّقت على السائل بربعيين
وقطع يديها من اجل ذلك؛ ولما تزوّج بها
حسدها اصرايرها وكتبى الى الملك يخبرونه
عنها بانها ماجرة؛ وقد ولدت غلامًا؛ بكتب
الملك الى امّه كتابًا وامرها فيه ان تخرج بها
الى الصحراء و تتركها هناك ثم ترجع؛ فعملت
امّه ذلك وخرجت بها الى الصحراء ثم رجعت
وصارت تلك المرأة تبكى على ماجرى لها

93

و تنتحب إنتحابًا شديدًا ماعليه من مزيد
وبينما هى تمشى والولد على عنقها اذ مرّت
بنهر وبركت لتشرب من شدة العطش
الذى لحقهما من مشيهما وتعبهما وحزنهما
وعند ماطأطأت سقط الولد فى الماء ص
فجلست تبكى على ولدها بكاء شديدًا اث —
وبينما هى تبكى اذ مرّ عليها رجلان فقالا لها اما
يبكيك فقالت كان لى ولد على عنقى وسقط
فى الماء،، فقالا لها الحبيّين ان نخرجه لك فقالت
نعم فدعوا الله تعالى بخروج الولد اليها سالمًا لم
يصبه شئ،، ثم قالا لها الحبيّين ان يردّ الله يديك
كما كانت قالت نعم فدعوا الله سبحانه وتعالى
فرجعت يداها احسن ماكانت،، ثم قالا لها

اقدرين من نحن فقالت الله اعلم فقال الآخر
رغيفاك اللذان تصدّقت بنا على السائل
وكانت الصدقة سبب قطع يديك
فاحمد الله تعالى الذى ردّ عليك يديك
وولدك فحمدت الله تعالى واثنت عليه

٥٦

يهودى صالح ومتصدّف

كان في بنى اسرائل رجل عابد له عيال
يغزلون القطن فكان كل يوم يبيع —
الغزل ويشترى قطنًا وما خرج من الكسب
يشترى به طعامًا لعياله ياكلونه في ذلك اليوم
فخرج خارج يوم وباع الغزل ولقيه اخ له مشكا
اليه الحاجة فدفع له ثمن الغزل ورجع الى عياله

من غير قطن ولا طعام ، فقالوا له أين
القطن والطعام فقال لهم استقبلني
فلان فشكا إلى الحاجة فدفعت إليه من
الغزل فقالوا وكيف نصنع وليس عندنا
شي نبيعه وكان عندهم قصعة مكسورة
وجرة فذهب بهما إلى السوق فلم يشترها
أحد منه بينما هو في السوق إذ مرّ به رجل
ومعه سمكة منتنة منفوخة لم يشترها
أحد منه ، فقال له صاحب السمكة أتبيع لي
كاسدك بكاسدي قال نعم فدفع له القصعة
والجرة وأخذ منه السمكة وجاء بها إلى العياله
فقالوا له ما نعمل بهذه السمكة قال تشوونها
ونأكلها إلى أن يشاء الله تعالى لنا برزقنا

٩٦

فأخذوها وشقّوا بطنها فوجدوا فيه حبّة لؤلؤ
وأخبروا بها الشيخ فقال انظروا إن كانت
مثقوبة فهي لبعض الناس وإن كانت غير
مثقوبة فانها رزق رزقكم الله تعالى به فانظروا
فاذا هي غير مثقوبة فلمّا اصبح الصباح غدا بها
إلى بعض اخوانه من اصحاب المعرفة بذلك
فقال يا فلان من اين لك هذه اللؤلؤ فقال رزق
رزقنا الله تعالى به فقال انها تساوي الف درهم
وانا اعطي لك ذلك لكن اذهب بها الى فلان
فانه اكثر منّي مالًا ومعرفة فذهب بها اليه
فقال انها تساوي سبعين الف درهم لا
اكثر من ذلك ثم دفع له سبعين الف
درهم ودعا بالحمّالين فحملوا له المال حتّى

وصل الى باب منزله ∴ فجاءه سائل فقال لـه
اعطني مما اعطاك الله تعالى فقال للسائل
قد كنا بلا مس مثلك خذ نصف هذا المال
فلما قسم المال شطرين واخذ كل واحد
شطره فقال له السائل امسك عليك مالك
وخذه بارك الله لك فيه وانما انا رسول ربك
بعثني اليك لاختبرك فقال لله الحمد والمنة وما
زال في ارغد عيش هو وعياله الى الممات ∴

٥٧

المنام المصدق

كان في بغداد رجل صاحب نعمة وابوة
ومال كثيرة منفق و تغير حاله وصار لا
يملك شيئاً ولا ينال قوته الا بجهد جهيد

فنام ذات ليلة وهو مخمور مقهور فرأى في

منامه قائلاً يقول له ان رزقك بمصر فانتبه

وتوجّه اليه .. وسافر الى المصر فلما وصل اليها

ادركه المسا فنام في مسجد وكان في جوار

هذا المسجد بيت فقدّر الله تعالى ان جماعة

من اللصوص دخلوا المسجد و توصّلوا منه الى

ذلك البيت .. فانتبه اهل البيت على حركة

اللصوص وقاموا بالصياح فاغاثهم الوالي

باتباعه فهربت اللصوص ودخل الوالي المسجد

فوجد الرجل البغدادي نائماً في المسجد فقبض

عليه وضربه بالمفارع ضرباً مؤلماً حتّى انشرب على

الهلاك وسجنه .. فمكث ثلاثة ايام في السجن ثم

احضره الوالي وقال له من اى البلاد انت قال

5.b.

من بغداد فقال له وما حاجتك التي هي سبب
مجيئك الى مصر فقال اني رايت في منامي
قائلاً يقول لي ان رزقك بمصر فتوجهت اليه
فلما جئت وجدت الرزق الذي اخبرني به تلك
المفارع التي تلتها منك فضحك الوالي حتى
بدت نواجذه وقال له يا قليل العقل انا رايت
ثلات مرّات في منامي قائلا يقول لي ان بيتا
في بغداد بخط كذا كذا وصفه كذا الجوشه
جنينة تحتها مسقيه بها مال لهجوم عظيم
فتوجه اليه وخذه فلم اتوجه وانت من قلة
العقل ساجرت من بلدة الى بلدة من اجل
رؤيا رايتها وهي اضغاث احلام ثم اعطاه
دراهم وقال له استعن بها على عودك الى بلادك

باخذها وعاد الى بغداد :: وكان البيت الذى
وضعه الوالى ببغداد نحو بيت ذلك الرجل فلما
وصل الى منزله حفر تحت العسقية برأى مالًا
كثيرًا: ووسع الله عليه رزقه وهذا اتفاق عجيب

٥٨

مغفّل لحماره ونشاطر

ابلغنى ان بعض المغفلين كان سائرًا وبيده
مقود حماره و نحو لحزة خلعه :: فنظره رجلان
من الشطّار: فقال واحد منهما لصاحبه انا
آخذ هذا الحمار من هذا الرجل: فقال له كيف
تاخذه، فقال له اتبعنى وانا أُريك بتبعه
فتقدّم ذلك الشاطر الى الحمار وبكّ منه المقود
واعطاه لصاحبه وحطّ المقود في راسه ومشى خلف

المغفّل حتّى علم ان صاحبه ذهب بالجمار:: ثمّ
وفيه يجرّه المغفّل بالمقود ولم يشعر بالتفت اليه
برأى المقود في راس رجل فقال له اى شيء انت
فقال له انا حمارك ولى حديث عجيب ونواتّه
كان لى والدة عجوزة صالحة جئت اليها في
بعض الايام وانا سكران: فقالت لى يا ولدى
تُبْ الى الله من هذه المعاصى باخذت العصا
وضربتنى بها بدعت علىّ يمسخنى الله تعالى
حمارًا واومعنى فى يدك مكثت عندك هذا
الزمان كلّه فلمّا كان هذا اليوم تذكّرتنى أمّى
وحنّن الله فلبها علىّ بدعت لى باعادنى الله
آدميًا كما كنت:: فقال الرجل لا حول ولا قوّة الّا
بالله العلى العظيم بالله عليك يا اخى ان تحللنى

في حلٍّ مما فعلت بك من الركوب وغيره :: ثم
خلّتني سبيله ومضى الشاطر :: ورجع صاحب
الحمار الى داره وهو سكران من الهمّ والغمّ
فقالت له زوجته ما الذي دهاك واين الحمار
فقال لها انت ما عندك خبر بامر الحمار وانا
اخبرك به :: ثم حكى لها الحكاية :: فقالت
يا ويلنا من الله تعالى كيف مضى لنا هذا
الزمان كلّه ونحن نستخدم بني آدم ثم انها
تصدّقت واستغفرت وجلس الرجل في الدّار
مدّة وهو من عينه نشغل :: فقالت له زوجته
الى متى هذا القعود في البيت من عينه نشغل —
بامضِ الى السوق واشترِ لنا حمارًا واشتغل
عليه بمضى الى السوق ووقف عند الحمير

واذا هو بحماره يُبَاع .. فلمَّا عرفه تقدّم اليه
ووضع يمه على أُذنه وقال له ويلك يامشتوم
لعلّك رجعت الى السكر وضربت أُمَّك و الله ما بقيت
اشتريك ابدًا. ثم تركه وانصرف ..

٥٩

من افندى براى امراته خسر مرتين

ممَّا يُحكَى ان خسرو وهو ملك الملوك
كان يحبّ السمك فكان يومًا جالسًا في فاعنده
هو و شيرين زوجته لجاء صيّاد و معه سمكة
كبيرة اهداها لخسرو فاعجبته تلك السمكة
فامر له باربعة الاف درهم فقالت له شيرين
بئسما بعلبت فقال لها لِمَ فقالت لانك بعد
هذا اذا اعطيت احدًا من حشمك بهذا القدر

يختظره و يقول انما اعطاني مثل القدر الذي

اعطاه للصياد فقال خسرو لقد صدقت

ولكن ينبغي بالملوك ان يرجعوا في هبتهم وقد فعلت

هذا فقالت شيرين انا ادبّر لك امرًا في استرجاع

العطية منه فقال لها وكيف ذلك فقالت له اذا اردت

ذلك فادع الصياد وقل له هل هذه السمكة ذكر

او انثى فان قال ذكر فقل له انما اردنا انثى

وان قال انثى فقل له انما اردنا ذكرًا ... فارسل

خلف الصياد معاد وكان الصياد صاحب

ذكاء وبطانة فقال له الملك خسرو هل

هذه السمكة ذكر او انثى فقبّل الصياد

الارض وقال هذه السمكة خنثى لا ذكر ولا انثى

فضحك خسرو من كلامه وامر له باربعة

الاب درهم اخرى: يمضى الصياد الى الخازندار
ونيض منه ثمانية الاف درهم ووضعهما فى
جراب كان معه وحملها على عنقه وهمّ بالخروج
بوقع منه درهم واحد بموضع الصياد الجراب
عن كاهله والحنى على الدرهم ياخذه والملك
وشيرين ينظران اليه؛ بقالت شيرين ايّها
الملك ارايت خسّة هذا الرجل وسعالته حيث
سقط منه درهم لم يسهل عليه ان يتركه
لياخذه بعض غلمان الملك فلما سمع الملك
كلامها اشماز من الصياد و مال لقد صدقت
يا شيرين ثم انّه امر باعادة الصياد وقال له
يا ساقط الهمّة لست بانسان كيف وضعت
هذا المال من كاهلك والحنيت لاجل درهم

وبخلت ان تتركه في مكانه فقيل الصياد
الادرو وقال اطال الله بقاء الملك .. انني لم
ارمح ذلك الدرهم عن الارض لخطره عندى واما
رفعته عن الارض لان على احد وجهيه
صورة الملك وعلى الوجه الاخر اسمه فخشيت
ان يضع احد رجله عليه بغير علم فيكون
ذلك استخفافا باسم الملك وصورته فاكون
انا المؤاخذ بهذا الذنب فتعجب الملك
من قوله واستحسن ماذكره وامر له باربعة
الاف درهم اخرى .. وامر الملك مناديًا ان ينادى
في مملكته ويقول لا ينبغى لاحد ان يفتدى
بواى النساء بمن افتدى براهيم خسر
مع درهمه درهمين ٦٦

٦٠

يحيى بن خالد البرمكي وضيعه

خرج يحيى بن خالد من دار الخلافة متوجّهًا إلى داره فرأى على باب الدار رجلًا جالسًا فوثب منه نحو الرجل قائمًا وسلم عليه وقال له يا يحيى أنا محتاج إلى ما بيدك وقد جعلت الله وسيلتي إليك فأمر يحيى أن يفرد له موضع بداره وأمر خازن داره أن يجعل إليه في كل يوم البدرهم وأن يكون طعامه من خاصّ طعامه فاستمرّ الرجل على ذلك الحال شهرًا كاملًا فلمّا انقضى الشهر كان قد وصل إليه ثلثون البدرهم فخاف الرجل أن يحيى أن يأخذ منه الدراهم

لكن نرثها ما تصرف خفية ما أجبروا يجيبي

بذلك مغار والله لو أقام عندي عمره وطول

عمره لما منعته صلتي ولا قطعت عنه

إكرامي وضيافتي، وفضائل البرامكة لا تحصى

وسناؤهم لا تستقصى".

٦١

اليهودية الديّنة والشيخان

كان في قديم الزمان وسالف العصر والاوان

امرأة صالحة في بني اسرائيل، وكانت تلك

المرأة ديّنة عابدة تخرج كل يوم الى المصلى

وكان بجانب تلك المصلى بستان فاذا

خرجت الى المصلى تدخل البستان وتتوضأ

منه وكان في البستان شيخان يحرسانه هـ

وتعلّق الشيخان بتلك المرأة وراوداها عن نفسها فأبت فقالا لها إن لم تمكّنينا من نفسك لنشهدنّ عليك بالزنا فقالت لهما الجارية الله يكفيني شرّكما. ففتحا باب البستان وصاحا فأقبل عليهما الناس من كل مكان وقالوا لهما خبركما فغالا إنا وجدنا هذه الجارية مع شاب يفجر بها فما قبلت الشابّ من أيدينا. وكان الناس ينادون بفضيحة الزاني ثلاثة أيام ثم يرجمونه فنادوا عليها ثلاثة أيام من أجل الفضيحة وكان الشيخان في كل يوم يدنوان منها ويضعان أيديهما على رأسها ويقولان لها الحمد لله الذي انزل بك نقمته. فلما أرادوا رجمها تبعهم دانيال وهو ابن اثني عشر سنة. وهذه اول معجزة له

على نبينا وعليه الصلاة والسلام ولم يزل

تابعًا لهم حتى لحقهم وقال لا تجعلوا عليها

بالرجم حتى أفضى بيتهم بوضعوا له كرسيًا

ثم جلس وعرف بين الناخبين وهو أول من

عرف بين الشهود فقال لأحدهما ما رأيت

فذكر له ماجرى فقال له حصل ذلك في أي

مكان في البستان فقال في الجانب الشرقي

تحت شجرة الكمثرى ثم سأل الثاني على ما

رأى وأخبره بما جرى فقال له في أي مكان في

البستان فقال له في الجانب الغربي تحت

شجرة التفاح كل هذا والجارية واضعة رابعة

رأسها ويديها إلى السماء وهي تدعو الله

بالخلاص ما أنزل الله تعالى صاعقة من العذاب

بماحرقت الشيخين واظهر الله براءة الجارية

وهذا اول ماجرى من المعجزات دانيال عليه

السلام

٩٢

اسكندر وملك قوم ضعفاء

يحكى ان اسكندر ذا القرنين اجتاز في سيره

بقوم ضعفاء لا يملكون شيئاً من اسباب

الدنيا وقد حفروا قبور موتاهم على ابواب

دورهم :: وكانوا في كل يوم يتعهدون تلك

القبور ويكنسون التراب عنها وينظفونها

ويزورونها ويعبدون الله تعالى عندها وليبرلهم

طعام الا الحشيش و نبات الارض :: فبعث

اليهم اسكندر رجلاً يستدعى ملكهم اليه

يلم يجبه وقال مالى اليه حاجة مسارذو
الغربين اليه وقال كيف حالكم وما انتم ـ
عليه فانى لا ارى لكم شيئاً من ذهب ولا
فضة ولا احد عندكم شيئاً من نعيم الدنيا
فقال له ان نعيم الدنيا لا يشبع منه احد فقال
له اسكندر لم حضرتم القبور على ابوابكم
فقال لتكون نصب اعيننا ننظر اليها ونجدد
ذكر الموت ولا ننسى الاخوة ويذهب ص
حب الدنيا من قلوبنا ولا تشتغلنا عن
عبادة ربنا تعالى فقال اسكندر كيف
تاكلون الحشيش فقال لانّنا نكره ان نجعل
في بطوننا قبور الحيوانات ولان لذة
الطعام لا تتجاوز الحلق ثم مدّ يده با خرج فجعا

من راس آدمي موضعه بين يدي اسكاندر
وقال له يا هذا القرنين اتعلم من كان صاحب
هذا قال لا :: قال كان صاحبه ملكاً من ملوك
الدنيا وكان يظلم رعيته ويجور عليهم
وعلى الضعفاء ويستفرع زمانه في جمع
حطام الدنيا فقبض الله روحه وجعل النار
مقرّه وهذا راسه :: ثم مدّ يده ووضع شخصاً
اخر بين يديه وقال له اتعرف هذا قال لا ::
قال هذا كان ملكاً من ملوك الارض وكان
عادلاً في رعيته شفوقاً على اهل ولايته
وملكه فقبض الله روحه واسكنه جنّته
ورفع درجته ووضع يده على راسي ذي
القرنين وقال تري انت اي هذين هـ—

يبكي ذو القرنين بكاءً شديداً وضمه الى
صدره وقال له إن أنت رغبت في تحكيمي
سليمان الملك وزارتك وقاسمتك في مملكتي
فقال الرجل هيهات هيهات مالي رغبة في هذا
فقال له اسكندر ولم ذلك قال لأن الملوك كلهم
أعداؤك بسبب المال والملك الذي أعطيتنيه
وجميعهم اصدقائي في الحقيقة بسبب القناعة
والصعلكة لا أني ليس لي ملك ولا طمح في
الدنيا ولا لي البتة ما أطلبه ولا هم ما أريد
وليس لي الا القناعة حسب بغيته اسكندر
الى صدره وقبله بين عينيه وانصرف

٤٣

ملك جاخرو رجل صالح وملك

الموت

يُحكى ان ملكًا من الملوك اراد يومًا ان هـ
يركب في جملة اهل مملكته وارباب دولته ـ
ويظهر للخلايق عجايب زينته فامر اصحابه
وامراء وكبراء دولته ان يأخذوا العبة الخروج
معه وامر خازن الثياب بان يحضر له من الخز
الثياب ما يصلح للملك في زينته وامر
باحضار خيله الموصوفة العتاق المعروبة
بفعلوا ذلك ثم انه اختار من الثياب ما
اعجبه واستحسنه ثم لبس الثياب وركب
الجواد وسار بالموكب والطوق المرصع
بالجواهر واصناف الدرّ واليواقيت وجعل
يركض الحصان في عسكره ويفتخر بتيهه ؛؛ فاتاه

ابليس موضع يده على منخره و نبخ في انفه
نجخة الكبر مزعجا وقال في نفسه من في العالم
مثلى موقف بين يديه رجل عليه ثياب رثة
وسلم عليه فلم يردّ عليه السلام ٠٠ فقبض على
عنان برذونه ٠٠ فقال له الملك ارفع يدك فانك
لا تدرى بعنان من امسكت فقال له ان
لى اليك حاجة فقال اصبر حتى انزل واذكر
حاجتك فقال انّها سرّ ولا افولها الا في
أذنك فمال يسمعه اليه فقال انا ملك
الموت واريد قبض روحك ٠٠ فقال امهلنى
بقدر ما اعود الى بيتى واودّع اهلى هـ
واولادى وجيرانى و زوجتى فقال كلّا لا تعود
ولن تراهم ابدًا فانّه قد مضى اجل عمرك ٠٠

مأخذ روحه وهو على ظهره برسه بخز ميتًا هـ

و مضى ملك الموت من هناك جاءنى رجلاً

صالحًا فدرضى الله تعالى عنه وسلّم عليه مودّ

عليه السّلام فقال ملك الموت أيّها الرجل

الصّالح إنّ لى إليك حاجة وهى سرّ فقال له

الرّجل الصّالح اذكر حاجتك و أدنى فقال

أنا ملك الموت فقال الرجل مرحبًا بك

الحمد لله على مجيئك فإنى كنت كثيرًا هـ

اترقّب وصولك إليّ ولقد طالت غيبتك

عن المشتاق إلى فدومك فقال له ملك

الموت إن كان لك شغل ما فضيه فقال له ليس

لى شغل أهمّ من لقاء ربّى عزّ وجلّ فقال هـ

كيف تحب أن أقبض روحك فإنى أموت

ان افبضنا كيف اردت واخترت بقال
له الوجه الصالح اسماعيلي حتى التوصى
واصلّي فاذا الجدت بامرهم روحى وانا
ساجد فقال بملك الموت ان رقى اخرى
ان لا اقبض روحك الّا باختيارك كيف
اردت وانا افعل ما قلت ، بقيام الرجل
وتوضّأ وصلّى فقبض ملك الموت
روحه وهو ساجد ونقله الله تعالى الى محل
الرحمة و الرضوان والمغفرة»
تمّ
تمّ

VOCABULAIRE

FRANÇAIS-ARABE.

OBSERVATIONS SUR LE VOCABULAIRE.

1° Les mots sont classés par racines. A la suite de chaque racine sont rangés, par ordre, les dérivés. Les mots dérivés qui offrent quelque difficulté dans le dégagement de la racine, peuvent être cherchés avec toutes leurs lettres, comme on ferait d'un mot français.

2° L'ordre alphabétique est l'ordre oriental, mais l'élif est remplacé par le hamza.

3° Dans les mots appartenant aux racines concaves, le *ouaou* ou le *ya* radical est souvent changé en *élif*. Il faut donc remplacer cet élif par *ouaou* ou par *ya* pour retrouver la racine sur le vocabulaire.

4° Le vocabulaire donne le radical, c'est-à-dire, la 3ᵉ pers. masc. sing. du prétérit de chaque verbe arabe; il aurait donc fallu donner, pour traduire exactement, la 3ᵉ p. des trois prétérits de chaque verbe français correspondant; il a semblé plus commode d'énoncer seulement l'infinitif français, laissant à celui qui traduit le soin de remplacer cet infinitif par la 3ᵉ personne du prétérit français convenable au sens.

OBSERVATIONS SUR LES ABRÉVIATIONS.

(1) AO. (AORISTE).

Les abréviations (ao. *a*), (ao. *o*), (ao. *i*) signifient que la 2ᵉ radicale à l'aoriste de la 1ʳᵉ forme du verbe est affectée d'un *fatha*, d'un *damma*, ou d'un *kesra*.

Si le verbe est régulier ou sourd, la prononciation vulgaire ne tient point compte de cette voyelle. (Voir 1ʳᵉ partie, § de la prononciation vulgaire.)

Si le verbe est concave, cette voyelle passe de la 2ᵉ radicale sur la 1ʳᵉ, d'après la règle de permutation qui dit : le و et le ى au milieu d'un mot, devant porter voyelle, étant précédés d'une lettre djezmée et suivis d'une lettre portant voyelle, transportent leur voyelle à la place du djezm et deviennent quiescents; de plus, si cette voyelle est un *fatha*, le *ouaou* ou le *ya* se changent en *élif;* si cette voyelle est un *kesra*, le *ouaou* se change en *ya*. On a donc يَقُولُ pour يَقْوُلُ, يَخَافُ pour يَخْوَفُ, et يَسِيرُ pour يَسْيِرُ. Cela posé, les abréviations (ao. *o*), (ao. *a*), (ao. *i*), signifieront, dans les verbes concaves, que la 2ᵉ radicale, à l'aoriste, sera un *ouaou*, un *élif* ou un *ya*.

Si le verbe est sourd, toutes les fois qu'il y a insertion, la voyelle qui devrait affecter la 2ᵉ radicale passe sur la 1ʳᵉ. Ainsi le verbe حَبَّ, (ao. *i*), fait à l'aoriste يَحِبُّ pour يَحْبِبُ.

Si le verbe est défectueux, cette voyelle de la 2ᵉ radicale indique que l'aoriste a le son *a* ou le son *i*. (Voir 1ʳᵉ part., pag. 67 et remarque.)

(2) DÉTERM. (déterminé) — (3) INDÉTERM. (indéterminé).

Un mot étant terminé par ى précédé d'un kesra, comme الْقَاضِى le cadi, si ce *ya* final devait avoir pour voyelle un *ḍamma* ou un *kesra*, on supprime cette voyelle, et le *ya* devient quiescent; donc au lieu de الْفَاضِى et الْفَاضِى on écrit الْفَاضِى.

Si au lieu de la voyelle simple *ḍamma* ou *kesra*, le mot devait avoir le tanouin du *ḍamma* ou le *tanouin* du kesra, ce qui arrive lorsqu'il est indéterminé, on supprime le *ya* final et l'on tanouinise le *kesra*. Au lieu donc de فَاضِى et فَاضِي on a فَاضٍ un cadi.

Cette règle explique la différence d'orthographe de certains mots semblables au mot الْفَاضِى par la terminaison, suivant que ces mots sont pris dans un sens déterminé ou indéterminé. Cette suppression n'a point lieu dans le langage.

N. B. Dans la prononciation vulgaire figurée nous indiquons par le signe (') un *hamza* initial ou final dont on ne tient pas compte en prononçant, ou bien une voyelle très-brève analogue à l'articulation dont elle subit l'influence, ou bien enfin un *élif* d'union ou un son élidé. (Voir 1ʳᵉ part., § de la prononciation vulgaire.)

Dans la prononciation vulgaire des mots, la lettre *e* ne s'accentue point à moins que l'accent ne soit indiqué dans la figuration. Ainsi le mot أَمر dont nous avons figuré la prononciation *amer*, se prononce comme *ameur* et non point comme le mot français *amer*.

———

ABRÉVIATIONS.

acc.	accusatif.
act.	action — actif.
adj.	adjectif — adjectivement.
adv.	adverbe — adverbialement.
Alg.	Alger.
ao. (1)	aoriste.
art.	article.
ass.	assimilé.
C.	complément.
c. à d.	c'est-à-dire.
c. d.	complément direct.
c. ch.	complément de la chose.
c. p.	complément de la personne.
coll.	collectif.
comm.	commun.
compar.	comparatif.
conc.	concave.
condit.	conditionnel.
conj.	conjonction.
D.	direct.
d. — déf.	défectueux — défini.
déterm. (2)	déterminé.
etc.	et cætera.
ex.	exemple.
f.	forme
ém.	féminin.
gén.	genre — générique.
h.	hamzé.
imp.	impératif.
indéf.	indéfini.
indéterm. (3)	indéterminé.
inus.	inusité.
invar.	invariable.
irr.	irrégulier.
litt.	littéral.
masc.	masculin.
nom d'act.	nom d'action.
nom d'inst.	nom d'instrument.
nom de l.	nom de lieu.
nom de mét.	nom de métier.
nom d'un.	nom d'unité.
p.	personne — partie.
part.	participe.
pass.	passif.
pl.	pluriel.
prép.	préposition
pron.	pronom.
r. — rac.	racine.
rég.	régulier.
rel.	relatif.
s.	substantif — sourd.
s.-e.	sous-entendez.
signif.	signification.
sing.	singulier.
superl.	superlatif.
v.	verbe.
vulg.	vulgaire.

VOCABULAIRE.

ا

أ ـ اتّعـروب ـ شى ـ تّعروب
[شى]

A interrogation littér. s'u-
nit au mot qui suit comme
dans *aṭarf* connais-tu ? Vul-
gairement l'interrogation se
traduit par le mot *chy* que
l'on place comme dans
t'arfchy [connais-tu ?]

أَبَتْ ـ أَبَى

Abet, 3ᵉ p. prét. sing.
fém. de *aba* v. h. et d.

أَبَدًا ـ ابد

Abadán, accus. de *abad*,
perpétuellement, à jamais.

أَبَدَتْ ـ أَبَدَى

'Bdet 3ᵉ p. sing. fém. prét.
de *'bda* v. d. 4ᵉ f. ao. *i*.

إِبَلَّ

Ibel et *'bel* coll. chameaux.

إِبْلِيسٌ ، أَبَالِيسُ

Iblys plur. *abálys*. Diable.

إِبْنٌ ، بْنُ II إِبْنَةٌ

'Ben plur. rég. fils. [Ce
mot perd l'élif initial et s'é-
crit *ben* quand il se trou-
ve entre deux noms pro-
pres, celui que l'on porte et
celui de son père.] || *'Bna*
fille.

يَا أَبَهْ ـ [يَا بَابَا] ـ يَا
ـ أَبَهْ ـ ابو

Ya aba litt. [Alg. *yá ba-
ba*], ô mon père composé
de *ya* exclamation et de
abah sorte de vocatif de
'bou.

أَبُو

'Bou père.

ابو الفدا

Aboulfeda, n. d'homme,
Abou'lféda.

أَبَا - ابو

Aba, litt. acc. de *'bou.*

أَبِى - ابو

Aby, génit. litt. de *'bou.*

أَبِى - [على]

Aba, v. h. et. d. ao. *i.* refuser, avoir dégoût de, éloignement pour [suivi de *ala*].

اتّشح - وشح

Ett' chah, 8e f. de *ou-chah.*

اتّفق - وفق

Ettefaq, 8e f. de *oufoq.*

أتى ال ب

Ata, v. h. et d. ao. *i.* venir. C. D. || suivi de *b'*, amener.

آتِى , آتٍ - أتى

Aty, et indéterminé *átyn* (litt.) part. act. de *ata*, un venant, qui vient, qui viendra.

أثَرُ , أثَارُ

Atser, plur. *atsár* trace, signe, vestige.

اثنى عشَرَ - إثنتى عشرة [اثناش]

Itsna achara, fém. *itsnata acharata* (litt.) et vulg. par suite d'une syncope dans la prononciation, ['tsnách], douze.

أثنان , إثنتان - [اثنين - زوج]

Itsnáni, fém. *itsnatáni* - [vulg. 'tsnyn ou zoudj], nominatif du nom de nombre deux.

إثنين , إثنتين - [اثنين زوج]

Itsneyni, fém. *itsnateyni* gén. et acc. du nom de nombre deux. [vulg. 'tsnyn ou zoudj].

إجانة , أجاجين [فلّة , فلل]

Idjdjána, pl. *adjádjyn*, [Alg. *qolla*, pl. *q'lel*], urne, cruche.

أجد , [نوجد] - وجد

Adjed, [Alg. *noudjed*], 1re p. sing. aor. indic. du v. ass. *oudjed.*

أجَر

Adjer v. h. salarier.

أَجْرُ

Adjer, récompense, prix, salaire.

أَجِيرٌ, أَجَرَاءُ

Adjyr, pl. *adjará*, mercenaire salarié.

إِجْلُ

Adjel, cause, motif.

أَجَلُ

Adjel, terme fatal, destin.

أَحَدُ, إِحْدَى

Ahad, fémin. *ahda*, un, une.

أَحَدَ عَشَرُ, إِحْدَى عَشْرَةَ -
[احداش]

Ahada achara, fém. *ihda acharata*, [Alg. *ahdách*], onze.

اخْتَارُ - خَارُ

Aktár, 8e f. de *kár*, v. conc.

اخترت - اختار

Aktart, 1re ou 2e p. sing. du prét. de *aktár*.

أَخَذُ, [خذا] - خُذْ || اتَّخَذْ

Aked, [Alg. *k'da*], v. h. fait à l'imp. *koud*, prendre. || *Ett' ked*, 8e f. prendre.

مُوَاخَذُ - اخذ

Mouáked, part. pass. de la 3e f. d. *aked*, punissable, répréhensible.

آخَرُ

Akor, final, extrême.

آخَرُ, أُخْرَى

Akor, fém. *okra*, autre.

أَخَّرَ || تَأَخَّرَ

Akkar, v. h. 2e f. retarder, être en retard, rester ou faire rester en arrière. || *Takkar*, 5e f. se retarder, être en arrière.

آخِرَةً, آخِرُ - حَيَاةً

Akira, dernière, fém. de l'adj. verb. *ákir*. || Ce féminin est souvent pris substantivement et signifie la vie suprême, l'autre vie—on sousentend le mot *hayá*, vie.

أَوَاخِرُ, آخِرُ || اواخر

رمضان - ايام

Aouákir, plur. de *ákir*, derniers. || *Aouákir Ramdán*, les derniers (jours) de Ramadan, [sous-entendu *yyem*, jours].

أَخُ, أَخُو, أَخْوَةً, أَخْوَانُ

Ak, pour 'kou, pl. 'koua et 'kouán, frère.

أُخْتُ, أَخَوَاتُ, [اختوات]

Oukt, pl. 'kouát, [Alg. 'ktouát], sœur.

أَخَا, اخو

Aka, acc. litt. de 'kou.

أَخِى, اخو

Aky, gén. litt. de 'kou.

أَخَوَانُ, أَخُ

'Kouán, plur. de ak, frères, se dit principalement en parlant d'amis, de collègues, de co-sectaires, etc.

أَدَبُ

Adeb, science, éducation, politesse.

أَدِيبُ, أَدَبَاءُ

Adyb, plur. adabá', savant, instruit, bien élevé.

إِدَع, دَعَى

Edaï, 2e p. sing. imp. de d'aa.

آدَمُ

Adam, Adam, n. d'homme.

آدَمِيّ, آدَم

Adamy, adject. rel. de Adam, (être) humain, adamique.

أَدَّى - يُؤَدِّى

Edda, v. h. et d. 2e f. aor. *i*, payer, envoyer, emmener (aor *youddy*).

إِذ

Id, (litt.), voilà que, puisque.

إِذا

Ida, lorsque, si. [Après cet adverbe conjonctif le verbe se met au prétérit, et il a le sens du futur.]

أُذُنُ

Ouden, oreille.

أُذُنَيْنِ, أُذُنَانِ - أُذُنُ

Oudnyn, gén. et acc. de oudnán, duel de ouden.

أَذِنَ || إِسْتَأْذَن

Aden, v. h. permettre. || 'Staden, 10e f. demander la permission.

إِذَنُ

Iden, permission, grâce, faveur.

أَرْجُو , [نَرْجَا] , رجا

Ardjou, [Alg. *nérdja*], 1re p. sing. aor. de *r'dja*, v. d. aor. *o.* et *a.*

أَرَّخ

Arrek, v. h. 2e f. dater.

تَأْرِيخٌ , تَوَارِيخُ

Taryk, plur. *touáryk*, n. d'act. 2e f. action de dater, date, annale, chronique.

أَرَدَتَّ - رَادَ

Aratt, 1re ou 2e p. sing. du prét. de la 4e f. du verbe conc. *rád.*

أَرْضٌ , أَرَاضِى

Ard, subst. fém. - plur. rég. ou bien *arády*, terre.

أَرْمِينِيَّة

Armynya, subst. fém. Arménie, n. de pays.

أَرَى , [نرى] - رَأَى

Ara, [Alg. *n'ra*], 1re p. aor. du verbe h. et déf. *r'a.* [Ce verbe perd l'élif hamzé à l'aoriste.]

أَرْيَفَطْ

Oryqat, n. d'homme.

إِزَاءَ - [فَدَّامُ]

Izá, [Alg. *qoddám*], vis-à-vis, en face.

أَسٌّ , أَسَاسٌ

Ass, *asás*, base, fondement.

إِسْتَعِنْ - عَانَ

'Stain, 2e p. impérat. 10e f. de *aan*, v. c.

آسْتَبَدْنَا - فَادَ

'Stefadna, 1re p. plur. du prét. de la 10e f. de *fád*, v. conc.

آسْتَفُوا , سَفَى - [اسفوا]

'Staqou, 2e p. impér. ou 3e p. prétérit de la 10e f. de *s'qa* - [Alg. *esqou* 1re f.].

أَسَدُ , أَسُودٌ , أَسْدَانٌ - [سبع]

Ased, pl. *osoud* et *asdán*, - [Alg. *s'ba*] lion.

أَسِيرٌ , [إِسِير] أَسَارَى - [إِسَارَى]

Asyr, [Alg. *isyr*], plur. *ousara*, [Alg. *isara*], captif, prisonnier.

إِسْرَائِيلُ

Isráil, Israël, n. de pays et de peuple.

أَسْكَانَدَر

'Skander, Alexandre, n. d'homme.

إِسْكَانْدَرِيَّة , إِسْكَانْدَر

'Skanderyya, adj. rel. fém. de 'skander, pris subst. Alexandrie.

إِسْم , أَسْمَاء , أَسَامِي - سمى

Esm, plur. esma, [Alg. asámy], [dérivé de s'ma.]

أَسَى , سَمَاء

Ousy, (litt.), 1re p. ao. sing. de la 4e f. du v. h. et conc. sa'.

أَشَرْتُمْ , [اشرتنوا] - شار

Achartoum, [Alg. achartou], 2e p. pl. du prét. de la 4e f. de chár.

أَصْل , أَصُول

Asol, pl. osoul, origine, radical, race, principe.

أَصْلاً , [فى الاصل]

Aslau, acc. litt. pris adverbialement, [vulg. f' el asol], originairement, radicalement, absolument.

أَعْطِ , أَعْطَى

'Ati, 2e p. de l'impératif de 'ata, v. déf. 4e f.

أَعْنِي - أَعِن - أَعَان - نِي

'Aïnni, composé de 'aïn, impér. de 'aân, v. conc. 4e f. et de ny, pronom personnel affixe.

أُوفِى , [نوفِى] - وَفَى

Afy, [Alg. noufy], 1re p. de l'aor. du verbe ass. et d. oufa.

أَفْطَعَنَّ , [نفطع] - فطع

Aqtaanna, [Alg. noqta], 1re p. sing. de l'aor. énergique lourd du v. q'ta.

أَفْلِيم

Aqlym, climat, contrée [du grec κλίμα].

أَكْتُوبَر

Ouktouber, octobre [langue franque].

أَكَلَ , [كلا] - كُلْ || أَكَّلَ - يُوَكِّلُ - [وكل]

Akel, [Alg. k'la] - impér. koul, manger. || Akkel 2e f. aor. youkkel, faire manger - [Alg. le prétérit est oukkel].

أَكْل

Akel, [l']action de manger, [le] manger.

مَأْكَلَة

Makla, nourriture.

آلْ

El, article déterminatif, pour tous les genres et tous les nombres, le, la, les.

آلْ ــ أَهْلْ

Al, même signification que *ah'l*.

آلَةُ , آلَاتُ

Ala, plur. *âlât*, instrument.

الَا ــ اَ ــ لَا

Ala, (litt.), composé de l'interrogation *a* et de la négation *la*, est-ce que.... ne. [pour traduire en arabe vulgaire, voir le § de l'interrogation, 1re partie].

إِلَّا ــ إِنْ ــ لَا

Illa, composé de *in*, et de *la*, si ce n'est que.

ألَّتِى ــ [الَى] ــ ألَّذى

Ellaty, [Alg. *elly*], conjonctif, fém. de *ellady*, qui, laquelle, [s'accorde avec des pluriels irréguliers].

ألَّذَانِ , [الَى] ــ ألَّذى

Elladâni, [vulg. *elly*], duel nominatif du pronom *ellady*, lesquels deux.

ألَّذى , [الَى]

Ellady, [Alg. *elly*], pron. conjonctif, qui, lequel, ce qui, ce que, celui qui, celui que.

ألَّذِينَ , [الَى] ــ ألَّذِى

Elladyna, [vulg. *elly*], plur. du pronom conjonctif *ellady*.

ألْفُ , آلأفُ , أُلُوفُ

Elf, pl. *alef* et *oulouf*, mille.

ألْفُوا ــ ألْفَى ــ لَفِى

Alqou, 3e p. du prét. de *alqa*, 4e f. de *l'qa*.

ألِمَ , [وجع] ‖ آلَمَ , [وجع]

Alem, v. h. [Alg. *oudja*, v. ass.], souffrir. ‖ *Alem*, v. h. 4e f. [Alg. *oudjdja*, v. ass. 2e f.] faire souffrir.

مُولِمُ , ألِمَ

Moulim, part. act. de la 4e f. de *alem*, douloureux, qui fait souffrir.

إِلَهُ

Ilah, divinité, Dieu.

آللّه ــ آلْ ــ إِلَهُ ‖ بالله ــ ب ‖ بالله عليك ــ [وراسك]

Allah, composé de l'article *el* et du nom *ilah*, qui

perd son hamza, la Divinité, Dieu. || *Billah*, composé de la préposition *b'* et de *allah*, par Dieu, formule déprécative ; — on dit *billah alyk* c'est-à-dire, je te conjure ; — on dit aussi dans le même sens *ou rasek*, par tête.

آللَّهُمَّ ــ [يَا اللَّهُ]

Allahoum, (litt.), ô Dieu, [vulg. *ya'llah*].

إِلَى ‖ إِلَى ــ ى

Ila, et devant un affixe *ili*, à, vers, jusqu'à. || *Ilyya*, composé de *ila*, et du pronom affixe *y* ou *ya*, vers moi.

أَمْ , [أَوْ]

Am, [Alg. *aou*], ou bien ?

أُمّ , أُمَّهَاتْ

Omm, plur. *ommhât*, mère.

أُمّ إِيمَان

Omm-ayman, surnom de femme.

أَمَامْ , [قُدَّامْ]

Amâm, [Alg. *qoddâm*], vis-à-vis, en face, devant.

إِمَامْ

Imâm, iman, prêtre, pontife, titre qui se donne aux docteurs et jurisconsultes.

أَمَة

Ama, servante, esclave, qui sert Dieu.

أَمَّا

Amma, quant à, mais.

أَمَرَ ــ ب

Amer, v. h. ordonner, C. P. D. — C. CH. *b'*.

أَمْرٌ , أُمُورٌ

Amer, plur. *omour*, chose, affaire, commandement, puissance, ordre.

أَمْرَيْنِ , أَمْرٌ

Amreyn, gén. et acc. duel de *amer*.

أَمِيرٌ , أُمَرَاءُ

Amyr, pl. *omarâ'*. Emyr, prince, commandeur.

إِمَارَةٌ

Amâra, gouvernement, préfecture, signe, indication.

مَأْمُورٌ ــ أَمَرَ

Mamour, part. pass. de *amer*, ordonné, qui est l'objet d'un ordre.

أَمْسِ ‖ أَوَّلُ أَمْسِ

Ames, hier. || *Aououel ames*, avant-hier.

آمَضَ ، مَضَى

Emdi, 2ᵉ p. de l'impér. du verbe déf. *m'da*.

أَمَلَ [رجا] || تَأَمَّلَ

Amel, [Alg. *rdja*], espérer. || *Tammel*, 5ᵉ f. considérer avec attention.

أَمَلٌ ، [رجوة]

Amel, [Alg. *rdjoua*], espoir.

آمَنَ - أَمِنَ

Amen, v. 4ᵉ f. avoir foi, croire (amen, être en sécurité 1ᵉ f.).

أَمِنَةُ

Am'na, Amina, nom de femme.

أَمَانٌ

Amân, sécurité, intégrité, bonne foi, grâce.

أَمِين ، أُمَنَاءُ

Amyn, plur. *oumana*, Amin, chef de corps, chef.

أَمَانَة

Amâna, sécurité, sincérité.

مُؤْمِنٌ - أمن

Moumin, part. act. de la 4ᵉ f. de *amen*, croyant.

مَأْمُونٌ || الْمَأْمُونُ

Mamoun, part. pass. 1ʳᵉ f. cru. || *El mamoun*, El-Mamoun, n. d'un calife.

أُمَيَّةُ || بنو أُمَيَّة

Omeyya, nom de chef de la race des Ommyades. || *B'nou Omeyya*, les fils d'O-meyya, les Ommyades.

أَنْ ، [بالى] || إِلَى أَنْ ، [حتى] - عَلَى أَنْ ، [على الى]

An, [Alg. *belly*], que. — *ila an*, [Alg. *hatta*], jusqu'à ce que. *ala an*, [Alg. *ala 'lly*], parce que.

إِنْ ، [إِذَا]

In, [Alg. *ida*], si.

أَنَّ - كَأَنَّهُ

Ann, [employé rarement dans le langage], que. Ce mot veut être suivi d'un nom ou d'un pronom affixe à l'accusatif ; si le discours n'amène point de nom après lui, on ajoute explétivement le pronom affixe masculin singulier de la 3ᵉ p. — *k'ann-hou*, comme si lui, comme si.

إِنَّ - فَإِنَّهُ - بِ - إِنَّ - ة

Inna (litt.), certes. [Cet

adverbe veut être suivi d'un accusatif et à lui s'applique aussi la remarque qui appartient au mot précédent.] *Fa inna hou*, (litt.), et certes, et certes lui.

إِنَّا - إِنَّنَا - إِنِّى - إِنَّنِى - إِنَّ

Inna, et *innana* (litt.), certes nous. *Inny* et *innany*, certes moi – (composés de *inna* et des affixes).

أَنْتَ , أَنْتِ

Enta, fém. *enti*, tu, toi (pronom personnel sujet).

أَنْتُمْ , أَنْتُنَّ - [أَنْتُمَا]

Entoum et fém. *entounna*. [Alg. pour les deux genres *entouma*], vous, (pronom personnel sujet).

أَنْتُمَا

Entouma, vous deux, (pronom personn., au duel, sujet).

أُنْثَى

Ountsa, femelle.

أَنْجِيلُ

Andjyl, évangile.

أَنْدَلُس

And'lous, Andalousie, n. de pays.

إِنْسَانُ , أَنَاسُ

Insán, plur. *'nás*, homme.

أَنْفُ , [نِيب] - عَلَى رغم انفك - [عَلَى نِيبِك]

'Nef, [Alg. *nyf*], nez, excroissance, chose qui dépasse ou surgit—*ala r'ram 'nefek*, [Alg. *ala nyfek*], malgré ton nez, [malgré toi]; nous disons aussi en français : à son nez, à sa barbe.

انوشروان

Anoucherouán, surnom d'un Kosroès, Nouschirwan.

أَهَبُ - وهب , [نـعطى , اعطى]

Ahab (litt.), 1ʳᵉ p. aor. de *ouhab*, v. ass. [Alg. *naty*, 1ʳᵉ p. aor. de *'ata*].

أَهَّبُ , [وجّد] ǁ تَأَهَّبُ

Ahhab, v. h. 2ᵉ f. [Alg. *oudjdjed*], préparer, faire des apprêts. *Tahhab*, 5ᵉ f. se préparer.

أُهْبَةُ , [عوين]

Ahba (litt.), apprêts, appareil, [Alg. dans le sens du texte, *acuyn*].

أَهْلُ

Ah'l, famille, gens, population.

أَوْ

aou, ou bien, ou.

اهل — أَالُ , آلُ

Al, pour *aâl*, même sens que *ah'l*.

أُوْلَى , أَوَّلُ

Aououel, fém. *oula*, premier. — Pris subst. principe, commencement.

وَلِى — أَوْلَى

Aoula, comparatif de *ouly*, plus convenable, plus approchant.

رمضان اوايل II أَوَّلُ , أَوَايِلُ
أَيَّامُ —

Aouâyl, pl. de *aououel*, premiers. || *Aouâyl Ramḍân*, les premiers (jours) de Ramadan, [s.-e. *yyem*, jours].

ذَلِكَ — هذا — [هذوا] أُولَاء

'Oulâi, [Alg. *hadoŭ*], plur. de *hada* et aussi de *dalik*, ceux-ci, eux.

[وفت — زمان] , أَوَانُ

Aouân, [Alg. *zmân, ouoqt*], temps, moment, occasion.

إِنَاء , أَوَانُ , أَوَانِى

Aouâny et indét. *aouânyn* (litt.), plur. de *inâ'*, vases, vaisselle pour contenir les liquides. [Cette expression est inusitée dans le langage en Algérie.]

[اش] , أَىَّ شَىْ — ايـة — أَىّ

Ay du genre commun, q.f. au fém. *ayya*, quiconque, qui? quel? quelle? *Aychy* et [Alg. par syncope, *ach*] quelle chose? quoi?

و — وَإِيَّاكَ انـا — إِيَّا

'Yya. Ce mot, suivi des divers pronoms affixes, forme une classe de pronoms isolés qui représentent des compléments directs. Ex.: *ana ou'yyak*, moi avec toi. [Le mot *ou* signifiant avec veut un complément direct, c'est-à-dire un accus. après lui.]

أَيَا

Aya, ô !

أَيَّتُهَا , أَيَّهَا

Ayya et au fémin. *ayya-touha* (litt.), oh !

آيَاتُ , آيَةُ

A'ya plur. *â'yât*, signe, miracle, verset du Coran.

يَوْمُ , أَيَّامُ

'Yyem, pl. de youm.

أَيْتَامٌ ، يَتِيمٌ

'Ytâm, pl. de ytym.

أَيْضاً ، أَيْضٌ

Ayda, acc. de ayd employé adverbialement, de nouveau, encore, aussi.

أَيْمَانٌ ، أَيْمَى

Aymân, fém. ayma, veuf, veuve. [D'après le texte d'Abou'lféda, le mot aymán semble être du genre commun.]

أَيْنَ - مِنْ أَيْنَ

Ayn, où — men ayn, d'où.

آنَ - آلآنَ - [ذا الوفت]

An, moment.— el án, [Alg. plus usité delouoqt], le moment actuel, maintenant.

ب

بِ ، بِاللهِ

B' prép. se joint inséparablement au mot qui suit : par, avec, dans, vers, à, auprès. || Bellah, par Dieu !

بِئْرٌ ، بِئَارٌ

Bir, pl. biár, puits.

بَارُودٌ

Baroud, poudre à feu.

بَازِى ، بَازٌ ، [بَازْ]

Bazy, et indéterminé bazin [Alg. báz], faucon.

بَازَارٌ || بَازَارْ دُو دِيوَان

Bazar [langue franque] bazar. || Bazar dou dyouan, [langue franque], bazar du Divan, nom d'un bazar d'Alger.

بِئْسَ ، [ما منه شى - ما منها شى]

Bys (litt.), v. de blâme, être mauvais. Le mot mauvais se rend en Algérie par une périphrase, ma men hou ch — ma men ha ch — etc., composé de ma, négation, — men, (de) préposition, et d'un pronom affixe de la 3e p. qui s'accorde, pour le genre et le nombre, avec la chose à laquelle s'applique la qualification renfermée dans l'adj. mauvais,

بَاسْ

بَاس

Bás, courage, vigueur, mal, malheur.

بَاى , بَايَاتُ

Bey, plur., *báyát*, bey, gouverneur de province.

بَجَّل

Bedjdjel, v. 2ᵉ f., vénérer, honorer.

مُبَجَّل - بجّل

M'bedjdjel, part. pass. de *bedjdjel*, honoré, vénéré.

بَحَّث

B'hats, rechercher, fouiller, faire des perquisitions.

بَحَّث

Bah'ts, recherche, perquisition.

بَحَيَّث , [حَتَّى]

B'hayts, [Alg. *hatta*], en sorte que.

بَحَر , بُحُورُ , بِحَارُ || على بن البَحَار

Bahr, pl. *b'hour* et *b'hár*, mer. || *Aly ben elbahhar*, n. d'homme.

بَحَرِيَّ - بحر

Bah'ry, adj. rel. de *bahr*, marin, matelot.

بخت نصر

Bokt naṣer, Nabuchodonosor.

بَخَل

B'kol, être avare.

بَخِيلُ , بُخَلَاءُ

B'kyl, plur. *b'kalá*, avare.

بَدَّ || بدّد

Bedd, (aor. o), v. s., séparer, disjoindre. || *bedded*, répandre, verser, éparpiller.

بُدَّ || لَابُدَّ

Bodd, séparation, disjonction. || De là la locution *la bodd*, dans le sens de : il faut absolument.

بَدُرُ || بَدَرُ

B'der, nouvelle lune. || *Bed'r* et *b'der*, masc. et fém. *Bedr*, nom d'un lieu célèbre dans l'islamisme par la bataille qu'y livra le Prophète.

بَدِيعُ , بَدِيعَةُ

B'dya, fém. *b'dyaa*, admirable.

بَدَّل

Beddel, v. 2ᵉ f. changer.

بَدَنُ , أَبْدَانُ

B'den, plur. *'bdán*, corps de l'homme, principalement le tronc.

بَـدَى , يَـدَأ ‖ إِبْـتَدَى , ‖ ابدى

B'da ou *b'da'* (avec un hamza), aor. *a*, v. déf. ou h., commencer. ‖ *ebt'da*, 8ᵉ f., même signification. ‖ *'bda*, v. déf. 4ᵉ f., faire pour la première fois, manifester.

بَدْوُ

B'dou, commencement, désert.

بَادِيَةُ

Bádya, contrée privée de villes, campagne, désert.

بَرْ~بَرّا

Berr, terre, campagne, continent. – *berra*, acc. litt. de *berr*, usité dans le langage, dehors.

بَرِىَ

B'ra, v. h. (ao. *a*), être innocent, être guéri.

بَارَى ‖ عبد البارى

Báry, part. act. du v. précédent, créant, créateur. ‖ *Abd el báry*, n. d'homme (le serviteur du créateur).

بَرَأَةُ

B'raa, innocence.

بَرْجُ , أَبْرَاجُ , بُرُوجُ

Bordj, plur. *'brádj*, et *b'roudj*, habitation, fort.

بَرَحَ

B'rah, s'en aller, se retirer.

البَارِحُ , البَارِحَةُ

Elbarah, pour *el-bar'ha*, hier.

بَرَدَ

B'red, être froid, faire froid.

بَرْدُ ‖ بُرْدُ , بُرُودُ

Berd, s. froid. ‖ *Bord* (litt.), plur. *b'roud*, vêtement rayé de diverses couleurs.

بَارِدُ , باردة

Báred, fém. *bárda*, pl. rég. froid.

بَرَزَ ‖ بَارَزَ ‖ تَبَارَزَ

B'rez, se montrer, commencer à paraître, se présenter au combat. ‖ *Bárez*, 3ᵉ f. marcher au combat contre quelqu'un, C. D. ‖ *T'bárez*, marcher au combat l'un contre l'autre.

مُبَارَزَةُ

M'bárcza, n. d'act. 3ᵉ f. combat singulier, duel.

برطع – [نفز]

Berṭa, [Alg. *n'guez*], gambader.

بَرَقَ

B'roq, (aor. *o*), étinceler, briller.

بَرْقَةٌ

Borqa, n. d'unité, un éclair.

برك ‖ بَرَّكَ ‖ بَارَكَ

B'rek (aor. *o*), s'agenouiller. ‖ *Berrek,* faire agenouiller, invoquer les bénédictions. ‖ *Bâreq,* 3ᵉ f. bénir. *Semma ou berrek :* Il invoqua le nom de Dieu et ses bénédictions, *berrek* signifie aussi : *réciter la formule du Bénédicité.*

بَرَكَةٌ

Baraka, bénédiction.

بَرْكَةٌ

Barka, Barka, nom de femme.

بَرْمَكِيٌّ , بَرَامِكَةٌ

Barmeky, plur. *b'rám'ka,* Barmékide, fils de Barmek.

إِبْرَاهِيمُ

Ibráhym, Ibrahim, Abraham.

بَرَاةٌ – بَرَاوَاتٌ

B'rá, plur., *b'ráouát,* lettre, missive.

بُسْتَانٌ , [جنان رياض]

Bestân, [Alg. *djnân, ryáḍ*], jardin.

بَسِيسَةٌ

B'sysa, sorte de farine mêlée d'huile, de beurre et de lait, qui sert d'aliment en voyage.

بِسْمَ – ب – إِسْمَ

Bism, composé de la prép. *b'* et de *esm,* dont on a supprimé l'élif hamzé, au nom de.

بَشَرَ – أَبْشَرَ

B'cher et 4ᵉ f. *'bcher,* réjouir par une bonne nouvelle, se réjouir.

بَشِيرٌ ‖ بشير بن سعد

B'chyr, Béchir, nom d'homme. ‖ *B'chyr ben Saad,* Béchir ben-Saad, nom d'homme.

بَصَرٌ ، أَبْصَارُ

B'ṣor, plur. *'bṣár*, regard.

بَصْرَة

Baṣra, Basra ou Bassora, n. de ville.

بِضْع

Biḍa, (litt.), partie d'une nuit.

بِضَاعَةُ ، بَضَائِع

B'ḍáa, pl. *B'ḍâïa*, marchandise.

بَطَأَ ‖ بَطَّأَ

B'ṭa, (ao. *a*), v. h. tarder. ‖ *Betṭa*, 2e f., retarder.

بَاطِلٌ ‖ اَلْبَاطِلُ ‖ بِالْبَاطِلِ

Báṭol, part. act. et adj. vain, nul, sans valeur. ‖ Pris subst. *el batol*, l'injustice. ‖ *Belbaṭol*, injustement, en vain.

بَطْنٌ ، بُطون

Bot'n, plur. *b'toun*, masc. et fém., ventre.

بِعْ ، بَاع

Bia, 2e p. masc. de l'impér. du verbe concave *báa*.

بَعَثَ

B'ats [ao. *a*], envoyer.

بَعَثُ

B'ats, envoi.

مَبْعَثُ

M'bats, envoi, mission d'un prophète.

بَعُدَ ‖ بَعَّدَ ، أَبْعَدَ

B'ad, être éloigné. ‖ *Baad*, 2e f. et *'baad*, 4e f. éloigner.

بَعْدُ ‖ بُعْدُ ‖ بُعْدُ الشُّقَّة

B'ad, après. ‖ *B'ad*, éloignement, long espace. ‖ *B'ad echchoqqa*, la longue route (expression inusitée en Algérie).

بَعِيدٌ ، بَعِيدَه ‖ مِنْ بَعِيد

B'ayd, fém. *b'ayda*, lointain. ‖ *Men b'ayd*, de loin au loin.

بَعْضٌ ‖ عَلَى بَعْض ‖ تَنْبُذ

عَلَى بَعْضِهَا ـ بَعْضُهُمْ

بَعْض

B'ad, aliquotité, partie, quelqu'un, un certain. ‖ *Ala b'ad*, par portions. ‖ *Tenfed ala ba'dhá*, (les rues) s'enchevêtrent les unes dans les autres. ‖ *B'adhoum b'ad*, les uns les autres.

بَغْذَادُ

Bardâd, Bagdad, nom de ville.

بَغْذَادِيّ

Bardâdy, Bagdadien, habitant de Bagdad.

بُغْضٌ

Bord, haine.

بَغْلُ , بَغْلَةٌ , بِغَالٌ , بَغْلَاتٌ

B'rol, fém. *borla*. plur. masc. *b'rál*. pl. fém. *borlât*, mulet, mule.

بَغَى اِنْبَغَى

B'ra, (ao. *i*), v. déf. vouloir. || *Enb'ra*, 7e f. être désirable, convenable, avantageux.

بَقَرٌ , [بقرى]

B'gar, [Alg. *b'gry*, adj. rel.], race bovine, bestiaux en général.

بَقِيَ - ما - ما بقيت

اشريك اِ أَبِقِى

B'qa, (ao. *a*), v. déf. être de reste, rester. Le prétérit employé avec la négation *ma*, signifie : jamais plus.... Ex.: *ma b'qyt achryk*, [Alg. *nech'ryk*], jamais je ne t'achèterai. || *'Bqa*, 4e f. faire rester.

آلْبَاقِى - بَقِى

Elbáqy, ce qui reste, le restant. Formé du part. act. de *b'qa*. Le pluriel est rég. en tenant compte des règles de permutation.

بَافُونَ - بَاقِى - بَقِى

Báqouna, (litt.), pl. nom. de *báqy*, part. act. de *b'qa*.

بِكْرٌ

Bek'r, vierge *bekra*, jeune chamelle.

بُكْوَةٌ

Bekra, jeune chamelle.

أُبُوبِكْرٌ , أُبِى بِكْرٍ , أَبَابِكْرٍ

Aboubek'r. gén. *abibek'r*. acc. *ababek'r*, Aboubekre, nom d'homme.

بَكَى اِ بَكَّى , أَبْكَى

B'ka, (ao. *i*), v. déf. pleurer. || *Bekka*, 2e f. ou *'bka*, 4e f., faire pleurer.

بُكَأَ

B'ká, pleurs.

بَلْ

Bel, (litt.), particule restrictive, mais, au contraire.

بِلَا - ب - لا

B'lá, comp. de *b'* et de *lá*, sans.

بَلَدَانْ ، بِلَادٌ ، بَلَدٌ - بَلَدٌ - [خِيَامْ - أَبْنِيَةٌ ، بِنَاءٌ

B'led, pl. *b'lâd* et *bel-dân*, s. masc. et fém., ville, bourg.

بَلَدٌ ، بِلَادٌ

Blâd, plur. de *bled*, pris singulièrem., contrée, pays. (Ce mot, étant un pluriel irrégulier, s'accorde avec des adjectifs et pronoms singuliers féminins.)

بَلْدَةٌ

Belda, ville.

بَلَعَ

B'la, [ao. *a*], avaler.

بَلَّغَ || بَلَغَ

B'lor, [ao. *o*], arriver à, parvenir à, atteindre. || *Bellor*, 2ᵉ f. faire arriver à, faire parvenir à.

إِبْنْ ، بْنْ

Ben, pour *'ben*, fils. Voir *'ben* par élif.

بَنَا

B'na, (ao. *i*), bâtir.

بِنَاءٌ

B'nâ, construction.

بُنْيَانْ

B'nyân, construction.

خَيْمَةٌ]

'Bnya, (litt.), pl. de *b'nâ* [Alg. *kyâm*, plur. de *kyma*], tente.

بُنَيّ || بُنَيَّةٌ

B'nyya, fille. || *B'ny*, fils, (diminutifs).

بِنْتٌ ، بَنَاتٌ

Bent, pl. *b'nât*, fille.

بَهَجَ ، إِبْتَهَجَ ، [فرح]

B'hadj, (ao. *a*), et *'btahadj*, 8ᵉ f. [Alg. *f'rah*], se réjouir, être joyeux.

بَهْرَمَانْ

Bahr'mân (litt.), rubis.

بَهْرَمَانِي

Bahr'mâny, adj. rel., qui tient du rubis, rubis.

بُو - أَبُو

Bou, vulg. pour *'bou*, père.

بَابٌ ، أَبْوَابٌ ، بِيبَانْ

Bâb, pl. *'bouâb*, et *bybân*, porte.

بَالٌ

Bâl, intention, attention, mémoire.

بَاتَ

Bât, (ao. *i* et vulg. *a*), passer la nuit.

بَيْتَ , بُيُوتَ , أُبَيَـاتَ

Byt, pl. *byout*, et *'byât*, chambre, demeure, habitation, tente.

بـيـرو اعراب

Byrou 'arâb, (langue franque), bureau arabe, [administration algérienne].

بـيـرُ , بـئـرُ , بـسـارُ

Byr, pour *bir* avec un 'namza, plur. *biâr*, puits.

بـيـسَ , بـئـسَ

Bys, pour *bis* par hamza, (verbe de blâme), être mauvais.

بـيـض , أُبَـيـض

Byod, plur. de *'byod*, blancs.

بَـيـضَاء , أُبَـيَـض ـ اَلـيَـدُ اَلأَبَـيـضَاء

Beyda, fém. de *'byod*, blanche. — *Elyd elbeyda*, la main blanche, se dit, au fig. pour générosité, mérite, bon office.

أُبَـيـض

'*Byod*, blanc.

بَـاعَ

Bâa, (ao. *i*), v. conc. vendre.

بَـيْـعَ

Bya, vente.

بَـائِـعٌ , بَـاعَ

Bâya, part. act. de *bâa*, vendant, vendeur.

بَـيْـنُ اا بَـيْـنَ

Byn, intervalle, séparation. ‖ *Byn*, acc., pris adverbialement, entre.

بَـيْـنـهَـا

Bynma, pendant que. (A Alg. on prononce aussi *bydma*.)

بَـانَ اا بَـيَّـنَ اا تَـبَـيَّـنَ

Bân, (aor. *i*, Alg. aor. *a*], être séparé, distinct. ‖ *Byyen*, 2e f. séparer, distinguer, manifester. ‖ *T byyen*, 5e f. se manifester, être clair, évident.

بَـيِّـن

Byyen, clair, évident.

ت

Tati, 3e p. sing. du conditionnel de *ata*.

تَـاتِ , أَتـى

7

تَارِيخْ - أَرَّخْ

Táryk. Voir *arrak* et ses dérivés.

تَامٌّ , تَمّ

Támm, part. act. du v. *temm.*

تُبْ , تَابَ

Toub, 2ᵉ p. masc. sing. de l'impér. du verbe conc. *táb.*

تَبِعَ

T'ba, (āo. *a*), suivre, poursuivre.

تَابِعٌ , تَوَابِعٌ

Tába, plur. *touába,* qui accompagne, courtisan.

تِبَاعَةٌ

T'báa, suite.

تِبْنٌ

T'ben, paille.

تَجِدُ , [تُوجد] - وجد

Tadjid, [Alg. *toudjed*], 2ᵉ p. sing. aor. du verbe ass. *oudjed.*

تَجَرَ , اتَّجَرَ

T'jer, (aor. *o*), et 4ᵉ f. *'tdjer,* faire le commerce.

تَاجِرٌ , تُجَّارٌ , تِجَارُ االتاجِرةٌ

Tádjer, plur. *tedjdjár* et *t'djár.* || fém. sing. *tádjra,* commerçant, négociant.

تِجَارَةٌ

T'djára, commerce, opération commerciale.

مَتْجَرٌ , مَتَاجِرُ

Met'djer, plur. *m'tádjer,* choses qui concernent le négoce, marchandises, merceries.

تُجِبِّين , [اتحبّى] - حَبّ

Tahibbyna, [Alg. *t'habby*], 2ᵉ p. fém. sing. aor. indic. du verbe sourd *habb.*

تَحْت

Tah't, dessous, sous.

تَحْتٌ , تُحُوتٌ

Tah't, (Alg. inus.), plur. *t'hout,* garderobe, vêtement complet, capitale de province ou de royaume.

تَدْرِينَ , [اتّدرى] , درى

Tedryna, [Alg. *tedry*], 2ᵉ p. sing. aor. indic. du verbe déf. *d'ra.*

تُرَابْ

T'ráb, terre.

تَرْجَمْ

Terdjem, traduire.

تَرْجَمَةٌ

Terdj'ma, traduction.

تُرْجُمَانٌ , تَرَاجِمُ , تَرْجُمَانَاتٌ

Terdj'mán, plur. *t'rá-djem* et *terdjmánát*, interprète, traducteur.

تَشَرَّسَ

T'terres, 5e f. se faire un bouclier de.

تُرْسٌ , تِرَاسٌ

Ters, pl. *t'rás*, bouclier.

تَرَكَ

T'rek, (ao. o), laisser, abandonner.

تَرْيَاقَاتٌ , تَرْيَاقٌ

T'ryáqát, pl. de *t'ryáq*, thériaque, antidote.

تَنَزَّلَ , زَالَ

T'zal, 2e p. aor. cond. de *zál*, v. conc.

تِسْعَةٌ , تِسْعٌ || تِسْعُمائِةٌ

T'saa, fém. *t'sa*, neuf. || *T'sa miá*, neuf cents.

تِسْعُونَ , تِسْعِينَ

T'saoun, nomin. et *t'sayn*, gén. et acc., quatre-vingt-dix. (Le langage n'admet que la forme *t'sayn*.)

تَعِبَ || تَعَّبَ , أَتْعَبَ

T'ab, (ao. *a*), être fatigué.

|| *Taab* 2e f. ou *'tab* 4e f., fatiguer, lasser.

تَعْبَنُ

T'abán, fatigué.

تُفَّاحٌ , تُفَّاحَةٌ

Teffah, nom d'un., *teffaha*, pomme, pommier.

تُكَأَةٌ || رَئِيسُ التَّكَأَةِ

T'ká, (inus.), table à manger, lit pour table à manger. || *Reis ett'ká*, (Bible), maître d'hôtel.

تَكْرُورى

Tekroury, graine de chanvre.

تَلِفَ , تَلَّفَ || أَتْلَفَ

T'lef, dépérir, être perdu. [Alg. *tellef*, 2e f. perdre.] || *'Tlef*, 4e f., perdre, faire disparaître, disparaître.

تِلْكَ , [هَذِهِ]

Tilk, [Alg. *hadih*], cette (s'accorde avec des pluriels irréguliers).

تِلْمِيذٌ , تَلَامِيذُ

Talmyd, pl. *t'lámyd*, disciple, élève.

تَمَّ

Temm, (aor. *i*), v. sourd, terminer, finir.

نَسَّمٌ ، نَسَّم

Támm, part. act. de *temm*, qui termine, complet.

نِسَّامٌ

T'mám, complément, a-chèvement, perfection.

نَسْرٌ ، نَسْرَةٌ

T'mer, coll. et nom d'un. *temra*, datte.

نَابَ

Táb, (aor. *o*), v. conc., se convertir, retourner (à Dieu).

نَارَةٌ - [مَرَّة - سَاعَةٌ]

Tara, acc. pris adverb.

[Alg. *merra* ou *saâ*], tantôt, une fois. (Le mot se répète.)

نُوصِ ‖ نُوَصِ - أُوصَى ، وَصَّى

Touṣi, 2e p. aor. 4e f. au conditionnel. ‖ *Touṣṣi*, 2e p. aor. 2e f. au condition-nel, des verbes déf. *'ouṣa* 4e f. et *oussa* 2e f.

تُونِس

Tounes, Tunis, nom de ville, fém.

تِيهٌ ‖ تِيههًا

Ty'h, (litt.), faste, arro-gance. ‖ *Tyhán*, (litt.), acc. pris adverb. arrogamment, fastueusement.

ت

ḥadáda], frontière, fron-tière fortifiée.

ثَبَتَ

Ts'bet, être constant, éta-bli, basé.

ثَابِتٌ

Tsábet, part. act. basé, appuyé, établi.

ثَعْلَبٌ ، ثَعَالِبُ

Tsaleb, masc. et fém. pl. *tsaâleb*, renard.

ثَغْرٌ ، ثُغُورٌ ، [حدادة]

Ts'ror, plur. *ts'rour*, [Alg.

ثَقَبَ

Ts'qob, (aor. *o*), percer, perforer.

مَثْقُوبٌ

Metsqoub, part. pass. per-cé, perforé.

ثَقَلَ

Ts'qol, (ao. *o*), peser, être lourd, à charge.

ثَقِيلٌ , ثَقِيلَةً , ثِقَالٌ

Ts'qyl, fém. *ts'qyla*, pl. *ts'gâl*, lourd, pesant, qui est à charge.

[ثَلَاثَةً , ثَلَاثٌ] - ثَلَاثَةً , ثُلُثٌ

Ts'letsa, et fém. *ts'lets* — [on écrit aussi avec un élif *tslâtsa* et au fém. *tsláts*], trois.

ثَلْثٌ , ثُلُوثٌ , أَثْلَاثٌ

Tselts, pl. *ts'louts* et *'tsláts*, tiers·

ثَالِثٌ

Tsâlets, troisième.

ثَلَثَةَ عَشَرَ , ثَلَثْ عَشْرَةً [ثْلْاش]

Tsletsa achara et fém. *tsletsa acharata*, [vulg. *tsletsâch*], treize.

ثَلَثْبَاية

Tslets mya, trois cents.

ثَلَثُونَ , ثَلَثِينَ

Tsletsoun, nom. et *tsletsyn*, gén. et acc., trente. (Le langage n'admet que la forme *tsletsyn*.)

ثَلْج

Teldj, neige.

ثُمّ

Tsomma, alors, donc, ensuite.

ثَمَرٌ , ثَمَرَةً - ثِمَارٌ , أَثْمَارٌ , ثُمُرٌ

Ts'mer, coll. nom d'un. *tsemra* — pl. *ts'már*, *'tsmár* et *ts'mour*, fruit.

ثَمَنٌ

Ts'men, prix, valeur.

ثَامِنٌ

Tsâmen, huitième.

ثَمَانِيَةً , ثَمَانٍ , ثَمَانِى

Ts'mânya, fém. *ts'mani* et *ts'mány*, huit. (Le langage n'a que la forme *ts'mânya*.)

ثَمَانِبَاية

Tsmân mya, huit cents.

ثَمَانُونَ , ثَمَانِينَ

Ts'mânoun et *ts'mânyn*, pour le gén. et l'acc. quatre-vingts. (Le langage n'admet que la forme *ts'mânyn*.)

مُثَمَّنٌ

M'tsemmen, octuple, octangulaire, précieux.

أَثْنَى - على

Donner des éloges, c. *ala*.

ثَنَاء

Ts'na, éloge, louange, action de grâces.

أَثْنَاءٌ , [نصب]

'Tsná', moitié, milieu, [Alg. *n'ṣof*, que l'on prononce *nouṣ*].

إِثْنَان , إِثْنَتَان , [إِثْنين]

Itsnân et fém. *itsnatân*, [vulg. *'tsnyn*], nominatif du numératif deux.

إِثْنَيْن , إِثْنَتَيْن , [إِثْنين]

Itsneyn et fém. *itsnateyn*, gén. et acc. du numératif deux. (Le langage n'admet que la forme masc. *'tsnyn*.)

ثَانِى , ثَانِيَةٌ

Tsány, fém. *tsánya*, second.

ثَانِياً , [ثانى]

Tsányan, accus. pris adverb. une seconde fois [Alg. *tsány*].

ثَوْبٌ , ثِيَابٌ

Tsoub, plur. *tsyáb*, vêtement, sorte de manteau.

ثِيَابٌ , ثَوْبٌ

Tsyáb, s. plur. de *tsoub*, vêtements.

ثَوْرٌ || ثور

Tsour, taureau. || *Tsour*, nom de lieu.

ثَوى , [نَزّل]

Tsoua, (ao. *i*), verbe conc. et déf. [Alg. *nezzel*], donner hospitalité.

مَثْوَى , [منزل]

Metsoua, [Alg. *menzel*], lieu où l'on donne hospitalité, asile.

ج

جَبٌّ , جِبَاتٌ

Djebb, pl. *dj'báb*, citerne.

جُبَّةٌ , جُبَبٌ , جِبَابٌ

Djebba, plur. *dj'beb*, et *dj'báb*, sorte de chemise.

جَبَرَ

Dj'ber, reconforter, réparer [Alg. trouver].

جَبَرٌ , [فهر]

Djeb'r, [Alg. *q'har*], nécessité, force.

جَابِرٌ

Djáber, Djaber, n. d'homme.

جَحْش

Dj'ḥach, Djéhach, nom d'homme.

جَدَّ , ‖ جَدَّدَ

Djedd, (aor. *i*), agir avec zèle, diligence, vigueur. ‖ *Djedded* 2ᵉ f., renouveler.

جِدّ

Djedd, diligence, zèle.

جَدّ , جُدُودٌ

Djedd, pl. *dj'doud*, aïeul.

جَدِيدٌ , جُدَدٌ

Dj'dyd, pl. *dj'ded*, nouveau, récent.

تَجْدِيدَ , جَدَّدَ

Tedj'dyd, nom d'act. de *djedded*, action de renouveler.

جَدْىَ

Dj'dy, chevreau.

جَرَّ

Djerr, (aor. *o*), tirer, traîner.

جَرَّةٌ , جِرَارٌ

Djerra, pl. *dj'râr*, jarre, cruche.

جَرَّبَ

Djerreb, expérimenter, éprouver.

جِرَابُ , [جَبِيرَةٌ]

Dj'râb, [Alg. *dj'byra*], sacoche, valise.

جَرَحَ

Dj'raḥ, blesser.

جِرَاحَ

Dj'râḥ, blessure.

مَجْرُوحُ

Medjrouḥ, part. pass., blessé.

جَرْمُ

Djerm, corps, volume.

جَرَى

Dj'ra, (aor. *i*), v. déf. courir, avoir lieu.

جَارِيَةٌ , جَوَارِى

Djârya, plur. *djoudry*, jeune fille, jeune esclave, suivante.

جَزَّارُ , جزر

Djezzâr, nom de mét. pl. rég. écorcheur, boucher, de *dj'zer*, écorcher.

جَزِيرَةٌ , جَزَائِرُ ‖ الْجَزَائِرُ

Dj'zyra, pl. *dj'zâyr*, île, îlot. ‖ *Eldjzâyr*, Alger.

جَزَا ‖ جَازَى - ب , عَلَى

Djza, (ao. *i*), satisfaire. ‖ *djâza*, 3ᵉ f. récompenser, rétribuer. C. P. D.—C. Ch. *b'* ou *ala*.

جَازِيَة

Djázya, compensation, récompense.

جَسَدٌ , أَجْسَادٌ

Dj'sed, plur. *'djsád*, corps de l'homme.

جَسِيم

Dj'sym, grand, corpulent, volumineux.

جَعْفَر

Djafar, Djafar, n. d'homme.

جَعَل

Dj'al, (ao. *a*), mettre, poser, se mettre à, (verbe inchoactif).

جَلَّ || عَزَّ وجَلَّ

Djell, (aor. *i*), être grand, illustre, honoré. || *Azz ou djell*, qu'il soit honoré et glorifié.

جلَال

Dj'lâl, tapis, housse de cheval.

جَلِيل || الْجَلِيل

Dj'lyl, grand, illustre, distingué, supérieur de qualité. || *Eldj'lyl*, la Galilée.

جِلَالَة

Dj'lâla, importance, distinction, illustration.

إِجْلَال || إِجْلَالَالَك

Idjlâl, (litt.), nom d'act. 4e f. respect, déférence. || *idjlâlan lek* (litt.), par déférence pour toi.

جَلَدَ

Djled, (ao. *i*), frapper avec des verges ou des étrivières.

جِلْدٌ , جُلُودٌ

Djeld, plur. *dj'loud*, peau, cuir.

جَلَسَ , [فَعَدَ] || أَجْلَسَ , [فَعد]

Dj'les, (ao. *i*), [Alg. *q'ad*], s'asseoir. || *'Djles*, [Alg. *qaad*], faire asseoir.

جَالِسٌ , [فَاعد]

Djáles, part. act. [Alg. *qâad*], assis.

جَلَسَاءَ , جَلِيس

Dj'lasa, plur. de *dj'lys*, convive, familier, courtisan.

مَجْلِسٌ

Medjles, lieu de séances, tribunal, réunion, assemblée.

جَلَا

Dj'la, (aor. *o* et vulg. *a*), présenter l'épousée au mari, s'exiler, exiler.

جَلَاَ

Dj'là, présentation de l'épousée, exil.

جَمَع || إِجْتَمَع

Dj'ma, (aor. *a*), rassembler, réunir. || **Edjt'ma**, 8e f. se rassembler, se réunir.

جَمْع

Dj'ma, rassemblement, foule.

جَامِع , جَوَامِع

Djáma, plur. *djouáma*, mosquée.

جِمَاعَة

Dj'máa, collection, réunion.

جِمْعَة

Dj'ma, vendredi.

إِجْتِمَاع

Idjt'máa, n. d'act. 8e f. action de se réunir.

جَمَل , جِمَال

Dj'mel, plur. *dj'mál*, chameau.

جَمَال

Dj'mál, beauté, grâce, élégance.

جَمِيل

Dj'myl, beau, précieux, élégant.

أَجْمَل , جَمِيل

Adjmal, comparatif de *dj'myl*.

جَنَّة

Djenna, jardin, paradis.

جُنُون

Dj'noun, fureur, folie.

مَجْنُون , جَنّ

Medjnoun, part. pass. de *djenn*, possédé du diable.

جَانِب , جَوَانِب

Djáneb, plur. *djouáneb*, côté.

جَنَاح , أَجْنِحَة

Dj'náh, pl. *adjnah*, aîle, pan d'un vêtement.

جُنْد

Djound, défenseurs, alliés; cantonnement militaire.

جُنْدِى

Djoundy, habitat. d'un Djound, Syrien, soldat.

جِنْس , جُنُوس , أَجْنَاس

7.

Djens, plur. *dj'nous* et *'djnâs*, nation, race.

جِهَةٌ ، وجه ‖ مِنْ جِهَةِ القَبْلَةِ

Djiha, côté, région, (r. *oudjh*). ‖ *Men djih't elq'bla*, du côté du midi.

جَهَدَ

Dj'had, (ao. *a*), s'efforcer.

جَهْدٌ

Djah'd, effort, diligence.

جَهِيدٌ

Djahyd, pénible, fait avec effort.

جَاهِلٌ ، جُهَّالٌ ، جُهَلَاءُ

Djâhal, plur. *djehhal* et *djohalâ*, ignorant.

مَجْهُولٌ

Medjhoul, ignoré, obscur, inconnu.

جَابَ ‖ جَاوَبَ ‖ أَجَابَ ، إِلَى

Djâb, (aor. *o*), v. conc. fendre. ‖ *Djâoub*, 3e f. répondre. C. D. ‖ *Adjab*, répondre à, consentir à. C. P. D. — C. CH. *ila*.

جَوَابٌ

Djouâb, réponse.

جُودٌ

Djoud, libéralité.

جَوَادٌ

Djouâd, libéral, généreux. — *Id.* subst. coursier généreux.

جَيِّدٌ

Djyyed, excellent, de qualité supérieure.

جَارَ

Djâr, (ao. *o*), v. conc. être injuste, agir avec tyrannie.

جَارٌ ، جِيرَانٌ

Djâr, pl. *djyrân*, voisin.

جَوْرٌ

Djour, violence, tyrannie.

جَوَارٌ

Djouâr, voisinage.

مُجَاوَرَةٌ

Medjâoura, voisinage.

جَازَ ‖ تَجَاوَزَ ‖ إِجْتَازَ

Djâz, (ao. *o*), v. conc. passer. ‖ *T'djâouz*, 6e f. dépasser, excéder. ‖ *Edj'tâz*, 8e f. [vulg. *djâz*], passer, se transporter.

جَايِزٌ ، جَازَ

Djâyz, part. act. de *djâz*, passant, passé.

جَايِزَةٌ

Djáyza, don, bienfait, viatique.

جوع

Djouạ, faim.

تَجَاوَل

.*T'djáoul*, v. c. 6e f. marcher au combat l'un contre l'autre, s'attaquer.

جَوْهَرٌ , جَوَاهِرُ

Djouhar, plur. *djouáhir*, pierre précieuse,(Alg.perle).

جَاءَ || ب - جاب

Djá', v. conc. et aor. *i*, venir.‖ *Djá'* suivi de la préposition *b'* signifie : amener; — de là le verbe vulg. *djáb*, amener, apporter.

مَجِى

Medjy, venue, arrivée.

ح

خَبَّ || أَحَبَّ

Habb (ao. *i*), aimer, vouloir. ‖ *H'abb* 4e f. même signification.

حَبَّ , حَبَّةٌ

Habb, coll. n. d'un. *habba*, grain, bouton.

حَبِيبٌ , أَحْبَابٌ

Habyb, pl. *ahbáb*, ami, aimé.

أَحَبُّ , حَبِيبٌ

Ahabb, comparatif et superlatif de *habyb*, très-cher, très-aimé.

مُحِبٌّ

M'habb, part. pass. 4e f., aimant qui a de l'amitié.

مَحَبَّةٌ

M'habba, amitié, amour.

حَبَسَ || حَبَّسَ || أَحْبَسَ

H'bes, incarcérer.‖ *Habbes*, incarcérer, constituer un habous, c.-à-d., un legs pieux. ‖ *Ahbes*, 4e f. incarcérer.

حَبْسٌ

Habs, prison.

حَبْسٌ , حُبُوسٌ , أَحْبَاسٌ

Hob's, plur. *habous* et *ahbás*, habous, legs pieux.

حَبَشِى

H'bachy, adj. rel. Abyssin.

أَحَابِيشٌ , حَبَشِى

Ahábych, tribus alliées. On appelle ainsi trois tribus

qui firent entre elles alliance sur une montagne voisine de la Mecque, nommée *hob-chy*.

خَبْلٌ , حبول , أَخْبَالٌ

H'bel, pl. *h'boul* et *ahbâl*, lien, corde.

حَتَّى , أَنْ

Hatta, prép. qui marque le but atteint, jusqu'à, et même. — Souvent elle fait office de conjonction, et signifie : jusqu'à ce que, si bien que, afin que. (La véritable conjonct. *an* est alors sous-entendue.)

حَجَّ || إحْتَجَّ

Hadjdj, faire le pèlerinage. || *Ahtadjdj*, prétexter, alléguer.

حِجَّةٌ , حَجٌّ

Hidjdja et *hedjdj*, pèlerinage.

حُجَّةٌ

Hedjdja, prétexte, raison, argument.

حَاجٌّ , حُجَّاجٌ

Hádjdj, plur. *hadjdjâdj*, pèlerin.

حَاجِبٌ , حُجَّابٌ

Hádjeb, plur. *hadjdjâb*, huissier, portier.

حَجَرٌ , أَحْجَارٌ , حجارة , احجر

Hadjer, pl. *ahdjar*, *h'djar* et *ahdjour*, pierre.

حَجَرَةٌ

Hadjra, nom d'un. une pierre.

حَجَرٌ — حِجَر

Hadjer, protection, tutelle, *hidjer*, giron.

حُجَرَةٌ

Hodjra, chambre à coucher.

حَجَّامٌ [طبيب]

Hadjdjâm, (inus. à Alg.), chirurgien, pl. rég. (A Alg. le mot *t'byb*, médecin, s'applique aussi au chirurgien.)

حَدٌّ , حُدُودٌ

Hadd, pl. *h'doud*, limite, borne.

حَدِيدٌ

H'dyd, fer, chaînes.

حَدَّادٌ || محمّد بن الحدّاد

Haddâd, nom de métier, forgeron. || *Mohammed ben el Haddad*, n. d'homme.

حَدَثَ || حَدَّثَ

H'dets, arriver nouvelle-

ment, accidentellement. ‖
Haddets, 2ᵉ f., raconter à.
C. D.

حَدِيثٌ

H'dyts, subst., récit. —
adj. nouveau, récent.

حَـذَرٌ, [بالك] ‖ الحـذر ثـمّ الحـذر, [بالك و بالك]

Hader, précaution.(A Alg.
on emploie le mot *bâl* suivi
de l'affixe singul. de la 2ᵉ
pers., dans le sens de : gare !
et l'on dit : *balek*, gare à toi !)
‖ *El hader tsomma 'l hader*,
(Alg. *bâlek ou bâlek*), gare !
et encore gare !

جِذَاءٌ

Hidâ, sorte de chaus-
sure.

حَرٌّ

Horr, chaleur.

حَرٌّ, حَرَّةٌ

Horr, fém. *horra*, libre,
de condition honorable.

حَارٌّ

Hârr, chaud, brûlant, pl.
rég.

حُرِّـيَّةٌ

Horryya, liberté.

حَرْبٌ

Harb, guerre. ‖ *Id.* nom
propre.

حَرَثَ ‖ حَرَّثَ

H'rets, (ao. *i*), labourer.‖
Harrets, faire labourer.

حَرْثٌ

Harts, labour.

اَلْحَارِثُ

El hârets, Elharets, nom
d'homme.

حَرَسَ

H'res, garder, protéger.

حَرَصَ

H'raṣ, désirer ardemm-
ment.

حَرِيصٌ ‖ أَحْرَصُ, حَرْصَاءُ

H'rys, désireux, avide. ‖
Ahres, fém. *harṣâ*, compar.
et superlatif de *h'rys*.

حَرَّصَ

Harrad, exciter l'un con-
tre l'autre au combat.

حِرْفَةٌ, [صناعة]

Harfa, (Alg. *snâa*), mé-
tier, industrie.

حَرَفَ - أَحْرَفَ

H'raq, (ao. *i*), brûler, con-
sumer. 4 f. même sens.

حَرَّكَ

Harrek, 2ᵉ f. remuer,
bouger.

حَرَكَةٌ

H̱ar'qa, motion, voyelle, commotion, bruit, mouvement.

حَرَمَ , أَحْرَمَ ‖ حَرَّمَ ‖ إِحْتَرَمَ

H̱'ram, (aor. *i*) empêcher, 4e f. rendre illicite, empêcher. ‖ *H̱arram*, rendre sacré, inviolable, vénérable. ‖ *Aẖ'ram* (litt.), être honoré, respecté.

حَرَمٌ ‖ الْحَرَمَيْنِ

H̱'ram, chose sacrée, sanctuaire, périmètre du temple de la Mecque. ‖ *El harameyn*, gén. et accus. du duel, les deux enceintes sacrées, c.-à-d. Mecque et Médine.

حَرَامٌ

H̱'rám, chose illicite, péché.

حُرْمَةٌ

H̱orma, honorabilité, respect qu'on inspire ou qu'on ressent.

إِحْتِرَامٌ

Yẖt'rám, (litt.), n. d'act. 8e f. déférence, vénération, respect.

مُحَرَّمٌ

Moẖarrem, part. pass. 2e f. prohibé, défendu. _ *Id.* subst. Moharrem, mois de l'année musulmane.

مُحْتَرَمٌ

Moẖterem, part. act. 8e f. vénérable, honoré.

حِزْبٌ

H̱'zeb, foule, suite, alliés.

تَحَزَّبَ

T'ẖazzeb, (litt.), n. d'act. 5e f. rassemblement.

حَزَمَ ‖ تَحَزَّمَ

H̱'zam, ceindre, lier. ‖ *T'ẖazzam*, 5e f. se ceindre, se sangler, se préparer à.

حِزَامٌ

H̱'zám, ceinture, sangle.

حَزَنَ

H̱'zen, être chagrin, être en deuil.

حُزْنٌ , أَحْزَانٌ

H̱az'n, pl. *aẖzán*, chagrin, deuil.

حَسَبَ

H̱'seb, (ao. *o*), compter.

حَسَبٌ , أَحْسَابٌ

H̱'seb, pl. *aẖsáb*, compte, supputation, quantité, valeur.

خَسَدَ

H'sad, (aor. *i, o*), envier, haïr.

حَسَدَ

H'sad, haine, envie.

حُسَامُ ٱلدِّين

Hosam eddyn (le glaive de la religion), Hosam eddin, n. d'homme.

حَسُنَ ‖ أَحْسَنَ ‖ إِسْتَحْسَنَ

H'san, être beau. ‖ *Ahsen*, 4ᵉ f. rendre beau, faire du bien, bien accueillir. ‖ *Es-tahsen*, regarder comme beau, trouver bon, approuver.

حُسْن

Hos'n, beauté.

حَسَن ‖ حُسَيْن

H'sen, beau. ‖ *Hoseyn*, Husseïn, nom d'homme.

أَحْسَن , حَسَن

Ahsen, compar. de *hsen*.

أَحْسَان

Ihsan, nom d'act. 4ᵉ f. action de faire du bien, bienfaisance, bienfait.

حَشِيش

H'chych, herbe, plante, chanvre.

حَشَم

H'chem, famille, et tout le personnel qui s'y rattache.

حَشْمَة ‖ [هيبة]

Hach'ma, même sens que le mot précédent. ‖ *Hichma* (Alg. *hyba*), vénération, respect.

مُحْتَشَم

Moht'chem, (litt.), part. 8ᵉ f. qui a droit au respect, personnage de dignité.

خَاشِيَة , حَوَاشِى

Hachya, plur. *haouâchy*, entourage, garde du corps.

حَصْبَاء , [فريش]

Hasbá, (Alg. *g'rych*), petits cailloux.

حَصَدَ

H'sod, (ao. *o, i*), moissonner.

حَصَاد ‖ حَصَّاد

H'sad, moisson. ‖ *Hassád*, nom de métier, moissonneur.

حَصَل ‖ حَصَّل

I''sel, arriver à, atteindre (Alg. être embarrassé.) ‖ *Hassel*, faire arriver, faire atteindre (Alg. mettre dans l'embarras).

تَحْصِيلٌ

Tahsyl, n. d'act. 2ᵉ f. action de faire arriver à un but, de faire produire.

حِصْنٌ ، أَحْصَانٌ ، حُصُونٌ ، حِصْنَةٌ

Has'n, pl. *ahsân* et *h'soun* et *hisna,* (litt.), fort, forteresse.

احصى ‖ فَضَايِلُ ٱلْبَرَامِكَةِ لَا تُحْصَى - [تُحْصَى]

Ahsa, 4ᵉ f. v. déf. noter, compter, enregistrer. ‖ *F'dâyl el b'ram'ka la tohsa* (litt.), les bienfaits des Barmékides ne se comptent point (le verbe *touhsa* est au passif).

حَضَرَ ‖ حَضَرَ ، أَحْضَرَ

H'der, (ao. o), être présent. ‖ *Haddar,* (vulg.), 2ᵉ f. et *ahder,* (litt.), 4ᵉ f. rendre présent, faire venir, amener.

حَضْرَةٌ

Hadra, présence, titre équivalent à seigneurie.

حَاضِرٌ

Hâder, part. act. pl. rég. présent.

إِحْضَارُ

Ihdâr, (litt.), n. d'act. 4ᵉ f. action de faire arriver, d'amener, de faire comparaître, comparution.

حَضَنْ

H'den, (aor. o), nourrir, élever un enfant (Alg. couver).

حَاضِنَةٌ

Hâdna, nourrice, berceuse.

خَطّ

Hott, (ao. a), v. s. déposer, poser.

خُطَامُ

Hatâm, futilités, frivolités, chose fragile, friable.

مَحْطِيَّةً ، مَحَاطِى ، أَحْطَى ، [حَبِيبَةٌ]

Mohdya, plur. *mahâdy,* part. fém. pris substant. de *ahda,* v. déf. 4ᵉ f. favorite, préférée (Alg. *habyba*).

حقّابٌ ‖ ابن الحقّابِ

Haffaf, barbier. ‖ *Ben el haffaf,* nom d'homme.

حَفَرْ

H'fer, creuser.

حَفْرْ

Haf'r, action de creuser.

حُفْرَةٌ

Hofra, fossé, trou en ter-
re.

حْفَظْ

H'fod, protéger, garder,
retenir par cœur, accueillir.

حِفْظٌ

Haf'd, action de garder,
accueil, protection.

حُفْنَةٌ

Hofna, poignée.

حَقَّ ‖ حَقَّقَ ‖ تَحَقَّقَ ‖ إِسْتَحَقَّ

Huqq, être juste, néces-
saire. ‖ **Haqqaq**, assurer,
rendre certain. ‖ **T'haqqaq**,
s'assurer, être certain. ‖
Est'haqq, avoir besoin, mé-
riter, être digne.

حَقٌّ ، حُقُوقٌ

Haqq, pl. *h'qouq*, droit,
vérité, justice.

حَقِيقَةٌ

H'qyqa, vérité, réalité.

تَحْقِيقٌ

Tahqyq, nom d'act. 2e f.
certification, vérification,
vérité, certitude.

مُتَحَقَّقٌ

M'tahaqqaq, part. pass.
5e f. sûr, certain.

مُسْتَحِقٌّ

Mest'haqq, part. act. 10e f.
nécessiteux, digne, méritant.

حَقَدَ

H'qod, (ao. *i*), haïr.

حِقْدٌ

Haq'd, haine.

حَقَرَ ، إِحْتَقَرَ

H'qor, (ao. *i*), et *Ah'qor*,
8e f. mépriser.

حَقِيرٌ

H'qyr, vil, méprisable.

إِحْتِقَارٌ

Ihtiqâr, (litt.), nom d'act.
8e f. mépris, dédain.

حَقْلٌ

Haq'l, plate campagne.

حَكَمَ ‖ حَكَّمَ

H'kem, (aor. *o*), juger,
exercer l'autorité. ‖ *Hakkem*,
établir comme juge, chef,
gouverneur.

حُكْمٌ ، أَحْكَامٌ

Hok'm, pouvoir, autorité,
exercice du pouvoir. ‖ *Id.*
pl. *ahkam*, jugement.

أَحْكَامٌ ، حَكَمٌ

Aḥkâm, pl. de *ḥok'm*, jugements.

خَاكُم ، حُكَّام

Hâkem, pl. *hokkâm*, gouverneur, chef, qui exerce le pouvoir.

حَكِيم ، حُكَمَآء

H'qym, pl. *hokama*, sage, docte, prudent.

مُحْكَمُ

Mohkam, part. pass. 4ᵉ f. solide, bien constitué.

حَكَى ‖ مِمَّا يُحْكَى

H'ka, (ao. *i*), dire, raconter. ‖ *Mimma youhka*, (litt.) parmi ce qui est raconté. (Le mot *youhka* est à l'aor. passif.)

حِكَايَةُ

H'kâya, conte, histoire.

حَلَّ

Hall, (ao. *o*), v. s. ouvrir, débarrasser ce qui est obstrué, dénouer.

حَلّ ـ حِلّ

Hall, n. d'act. du verbe précédent, action de débarrasser, de délivrer, *hill*, chose licite.

حَلَال

H'lâl, chose licite.

حُلَّة ـ حَال

Holla, plus, *holal*, tunique, vêtement.

مُحَلّ ، مَحَالّ

M'hall, pl. *m'hâll*, lieu, endroit.

حَلَب

H'lef, (ao. *i*), jurer.

خَلَقَ ـ [حَقَّ]

H'loq, (ao. *i*) – (Alg. *haffef*), raser.

حَلْق

Halq, gosier.

حَلِيمَة

Halyma, n. de femme.

حَلَى ، حَلَّى [زَيَّن]

H'la et *halla*, 2ᵉ f. (aor. *i*) – (Alg. *zyyen*), orner, parer.

حَلَّى ، [زِينَة]

Haly, (Alg. *zyna*), parure de femme, atours.

مُحَلَّى ، [مزَيَّن] ‖ مُحَلَّاةٌ

Mohalla, (Alg. *m'zyyen*), paré, orné. ‖ *Mohallâ*, fém. de *mohalla*.

حَمِد

H'med, (ao. *a*), louer.

حَمْدُ ‖ اَلْحَمْدُلِلّٰه

Hamd, louange. ‖ *Elham-doullah*, la louange (soit) à Dieu !

أَحْمَدُ ـ حَمَدَ

Ahmed, je loue, 1re p. s. aor. indicatif de *h'med*, — *Id.* Ahmed, nom d'homme.

حَمْدَان

Hamdán, Hamdan, nom d'homme.

مُحَمَّدٌ

Mohammed, part. pass. 2e f. digne de louange. — *Id.* Mohammed, nom du Prophète.

مَحْمُودٌ

Mahmoud, part. pass. 1re f. loué. — *Id.* Mahmoud, n. d'homme.

حِمَارٌ , حَمِيرٌ

H'már, pl. *h'myr*, âne.

أَحْمَرُ , حَمْرَاءُ

Ahmar, fém. *hamrá*, rouge.

حَمْزَةُ

Hamza, Hamza, nom d'homme.

حَمَقَ , (مَهْبُول)

Hamoq, (Alg. *mahboul*), insensé, sot.

حَمَلَ ‖ حَمَّلَ , أَحْمَلَ ‖ تَحَمَّلَ ‖ إِحْتَمَلَ

H'mel, (aor. *i*), porter un fardeau. ‖ *Hammel*. 2e f. et *ahmel*, 4e f. faire porter un fardeau. 2. C. D. ‖ *T'hammel*, se charger d'un fardeau, porter. ‖ *Ahtmel*, (litt.), porter, emporter, emmener.

حِمْلٌ , أَحْمَالٌ ‖ حَمْلٌ

H'mel, pl. *ahmál*, fardeau. ‖ *Ham'l*, fœtus, qui est porté dans le ventre.

حَامِلٌ

Hámel, part. act. portant, porteur.

حَمِىَ

H'ma, (aor. *a*), être indigné, enflammé de colère.

حَنَّ ‖ حَنَّنَ ‖ تَحَنَّنَ

Hann, (ao. *i*), avoir pitié. ‖ *Hannan*, 2e f. rendre compatissant. ‖ *T'hannan*, être ému de pitié.

حَنِيفَةُ ‖ أَبُو حَنِيفَةُ

Hanyfa, Hanyfa, nom propre. ‖ *Abou Hanyfa*, nom du chef de la secte des Hanéfites.

حَنْبِيَّة , حَنْبِى

Ḥanefy, plur. *ḥanefyya*, hanéfite.

إِنْحَنَى || حنا

H'na, (ao. *o*), (litt.) courber, fléchir. || *Anḥana*, 7ᵉ f. se baisser.

[إِلَى] , إِحْتَاجَ || حَاجَ

Ḥadj, (aor. *o*), (litt.), et *aḥtadj*, 8ᵉ f. avoir besoin, suivi de (*ila*).

حَاجَاتُ , حَوَايِجُ , حَاجَةً

Ḥadja, plur. *ḥaouáydj*, et aussi vulg. *ḥadjât*, besoin, chose, affaire.

مُحْتَاجُ

Moḥtadj, part. pass. 8ᵉ f. ayant besoin.

حَوْشُ

Ḥaouch, enclos, (Alg. bâtisse d'une ferme, ferme).

أَحَاطَ || مَا لاَ أَحَاطَ بِهِ وَصْفُ

Aḥaṭ, v. conc. 4ᵉ f. ceindre, entourer, être établi autour. || *Ma la aḥaṭ bihi ousef*, (litt.), ce que la description n'embrasse point, c. à d., ce dont la description est impossible.

[حيط] حَايِطُ, حِيَاطُ, حُيُوطُ

Ḥâïṭ, plur. *ḥyât* et *ḥyout*, mur, enceinte; (le pluriel *ḥyout* appartient plutôt au singulier vulg. *ḥeyṭ*).

إِسْتَحَالَ , إِحْتَالَ || تَحَوَّلَ || حَالَ

Ḥâl, (ao. *o*), v. conc. s'altérer, en parlant des couleurs, changer. || *Taḥououel*, 5ᵉ f. être altéré, s'altérer. || *Aḥtâl*, 8ᵉ f. ou *est'ḥâl*, 10ᵉ f. machiner, agir de ruse.

حَوْلُ || حَوْلُ

Haoul, adv. autour. || *Haoul*, puissance, protection.

حِيلَةً

Ḥyla, ruse.

مُتَحَوِّلُ

M'taḥououel, part. 5ᵉ f. changé, altéré.

مُحَالُ

Mouḥal, absurde, impossible.

حَوَى

H'oua, (ao. *i*), v. conc. et déf. contenir.

|| أَحَى , حَيِيَ , حَى

إِسْتَحَى

Ḥayya et (sans techdyd) *h'yya*, vivre. || *Aḥyya*, 4e f. rendre vivant, faire revivre. || *Estḥayya*, Alg. *estah*, 10e f. rougir, avoir honte.

حَىّ

Ḥay, vivant.

حَيَّةٌ, [حنش]

Ḥayya, (Alg. *ḥanech*), serpent.

حَيَاةٌ

Ḥayá, vie, pudeur.

حَيَوَانٌ , حَيَوَانَاتٌ

Ḥayouán, pl. *ḥayouánát*, animal en général.

يَحْيَى

Yaḥya, Yahia, nom d'homme.

مُسْتَحِى

Mest'ḥy, part. act. 10e f. qui a honte.

حَيْثُ [حين - كيف - إذا]

|| بِحَيْثُ - [حتّى]

Heyts, (litt.). [Alg. *h'yn-kyf_ida*], lorsque, puisque. || *B'heyts*, [Alg. *ḥatta*], en sorte que, afin que.

تَحَيَّر

T'ḥayyer, v. conc. 5e f. être stupéfait, embarassé.

مُتَحَيِّر

M'taḥyyer, part. pass. 5e f. étonné, stupéfait, embarassé.

حِين , أَحْيَانٌ || فى الحين ||

حين

Ḥyn, pl. *aḥyán*, moment. || *F'elḥyn*, à l'instant. || *Ḥyn* pris adv. au moment que, lorsque.

حِينَئِذٍ , [حين - إذا]

Ḥynaid, (litt.) (composé de *ḥyn* et *id*), alors.

خ

خَبَرَ || خَبَّرَ || أَخْبَرَ || إِخْتَبَرَ

[جرّب] || إِسْتَخْبَرَ

K'ber, connaître, savoir. || *Kebber*, 2e f. et *'kber*,

(litt.), 4e f. faire connaître, informer. || *Akt'ber'*, 8e f. [Alg. *djerreb*], éprouver. || *Est'kber*, 10e f. s'informer, chercher à savoir.

خَبَرٌ , أَخْبَا.

K'ber, pl. *akbâr*, nouvelle.

خَبَرَ

K'bez, panifier, faire du pain.

خُبْزٌ, خُبْزَةٌ

Kobz, n. d'un. *kobza*, pain.

خَتَمَ

K'tem, sceller, signer, terminer.

خَاتِمٌ, خَوَاتِمُ

Kâtem, pl. *kouâtem*, sceau, cachet, anneau.

مَخَدَّةٌ, مَخَائِدُ, خَدّ

M'kedda, plur. *m'kâïdd*, coussin; — r. *kedd*, joue.

خَدَعَ

K'da, (ao. *a*), tromper, décevoir.

خَدَمَ ‖ إِسْتَخْدَمَ

K'dem, (ao. *o, i*), travailler, être le serviteur de, servir. ‖ *Estek'dem*, faire travailler comme un esclave, comme une bête de somme.

جَادِمٌ, خُدَّامٌ ‖ خَدَمٌ

Kâdem, plur. *koddâm* et *k'dem*, serviteur, esclave. ‖ (En Alg. le mot *kâdem* se dit particulièrement d'une négresse, et le pluriel usité est alors *k'dem*.)

خَدِيمٌ, خَدِيمَةٌ

K'dym, fém. *k'dyma*, domestique, serviteur.

خُذْ, أُخُذْ

Koud, 2e p. masc. impérat. de *aked*.

خَرَبَ, خَرَّبَ

K'reb et *kerreb*, 2e f. dévaster.

خَرْنُوبٌ, [خَرُّوبٌ]

Karnoub, (Alg. *karroub*), fruit du caroubier.

خُرْجٌ, [مْزُود]

Kordj, (Alg. *m'zoued*), besace, valise.

خَرَجَ ‖ خَرَّجَ - أَخْرَجَ

K'redj, (aor. *o*), sortir. ‖ *Kerredj* et *'kredj*, 4e f. faire sortir.

خَارِجٌ ‖ خَارِجًا

Kâredj, part. act. sortant. ‖ *Kâredj*, acc. pris adv. dehors.

خُرُوجٌ

K'roudj, sortie.

إِخْرَاجٌ

Ikrâdj, (litt.), nom d'act. 4e f. action de faire sortir, expulsion.

عبد الله بن عبد المالك الخزاعى

Abd allah ben abd el má-lek elkozáay, nom d'homme.

خَزَن

K'zen, emmagasiner, enfermer.

خَازِن ‖ خَازِنُ ٱلتِّيَاب

Kázen, part. act., enfermant. ‖ *Kázen etstsyáb*, l'intendant de la garde-robe.

خِزَانَةٌ، خَزَايِن

K'zána, pl. *k'záyn*, armoire, caisse, tronc.

خَزَنْدَار، [خزناجى]

Kazendár, (Alg. *kazná-djy*), trésorier.

خَسّ

Kess, (ao. *a*), être vil, ladre.

خِسَّة

Kessa, vilenie, ladrerie, bassesse.

خَسَرُ

K'ser, (ao. *i*), perdre.

خسرو

Kosrou, Kosroès, nom d'homme.

خَشَبُ، خَشَبَة

K'chob, n. d'un., *kochba*, bois dur, barre de bois.

خَشِى

K'chya, et Alg. *k'cha*, (ao. *a*), v. déf. craindre.

خَصّ ‖ نَخُصَّهُ بِنْلَك ـ ما يخصّنى

Koss, (ao. *o*), v. sourd, être particulier à, le propre de; rendre particulier à, le propre de. ‖ *T'kosshou mennek*, tu te mettras à sa disposition. (A Alger le verbe *koss* signifie: manquer à.)— *Ma ykossny*, ce qui me manque.

خَاصٌّ، خَوَاصٌّ

Káss, pl. *kouáss*, propre, particulier à.

خَاصَّةٌ، خَوَاصٌّ

Kássa, pl. *kouás*, courtisan, familier, ami (litt.).

خَصَمَ ‖ تَخَاصَمَ ‖ اخْتَصَمَ

K'som, (aor. *i*), être en dispute. ‖ *T'kásom*, 6e f. se disputer mutuellement. ‖ *Akt'som*, 8e f. se disputer.

خَصْمٌ، خَصِيمٌ، خَصْمَاءُ، خِصَامُ

K'sim et *k'sym*, pl. *k'samá*

et *ḳṣâm*, adversaire, qui est en contestation.

أَخْضَرُ ، خَضْرَاءُ

Aḳḍar, fém. *ḳoḍrâ*, vert.

خَظَّ

Ḳoṭṭ, (ao. *o*), tirer des lignes.

خَطٌّ ، خُطُوطٌ

Ḳeṭṭ, pl. *ḳṭouṭ*, ligne, linéament, signature, description linéaire.

خَطَأَ ، أَخْطَأ

Ḳ'ṭa, (ao. *a*), et '*ḳṭa*, 4ᵉ f. pécher, commettre une erreur.

خَطِئَةٌ ، خَطَايَا

K'ṭya, pl. *ḳṭâyâ*, péché; (Alg. amende).

خَطَبَ

Ḳ'ṭob, (ao. *o*), demander en mariage, se fiancer.

خِطْبَةٌ

Ḳoṭba, demande en mariage.

خِطَابٌ

Ḳ'ṭâb, allocution, compliment, missive de compliments.

خَاطِبٌ ، خُطَّابٌ ـ خُطْبَةٌ

Ḳáṭob, plur. *ḳṭabá*, celui qui, dans la mosquée, récite la prière appelée *ḳoṭba*.

خَاطِبَةٌ

Ḳáṭba, entremetteuse de mariages.

خَطِيبٌ ، خَاطِبٌ

Ḳ'ṭyb, même sens que *ḳáṭob*.

خَطَرَ

Ḳ'ṭer, (ao. *o*, *i*), venir à la pensée.

خَطَرٌ ‖ لِخَطْرِهِ عِنْدِي

Ḳaṭ'r importance. ‖ *L'ḳaṭ'rhou andy*, pour le cas que je fais de lui (parce que je tiens à lui).

خَاطِرٌ

Ḳáṭer, pensée, sentiment intérieur.

خَفَّ ، [خُفُوف]

Keff, (aor. *i*), v. s. (Alg. *ḳ'fâf*), être léger, devenir léger.

خُفِيفٌ ، خِفَافٌ

Ḳ'fyf, pl. *ḳ'fâf*, léger.

إِسْتِخْفَافٌ

Istikfâf, (litt.), nom d'act. de la 10ᵉ f. manque de respect, dedain.

خَفَقَ

K'foq, frémir, trembler, palpiter.

خَجْفَةٌ || خَجْفٌ

K'foq, frémissement. || *Kofqa*, nom d'un. de *k'foq*.

خَجَى

K'fya et Alg. *k'fa*, (ao. *a*), être caché.

بِالْخَجِيَّة , خَجِيَّةٌ || خَجِيَّةٌ

K'fyya, arcane, secret, chose cachée. || *K'fyyatan*, acc. pris adverbialement, (vulg. *belk'fyya*), en secret.

خَلَا , خَلَتْ

K'let, 3ᵉ p. prét. sing. fém. de *k'la*.

خُلَّانٌ , أَخِلَّاءُ , خَلِيلٌ

[حِبِيب , احباب]

K'lyl, pl. *akilla* et *kollân*, (Alg. *h'byb*, plur. *ahbab*), ami, ami intime, camarade favori.

خَالِدٌ

Kâled, nom d'homme.

إِخْتَلَسَ , خَالَسَ

K'les et *akt'les*, 8ᵉ f. ravir, piller, dérober.

خَلَّصَ || خَلَاصٌ

K'las, être pur, sans souil-

lure, (Alg. finir). || *Kallas*, rendre pur, délivrer, acquitter.

خَلَاصٌ

K'las, délivrance, salut.

خَلَّطَ , خَلَطَ

K'lot, (aor. *i*), et *kollot*, 2ᵉ f. mélanger, mêler.

مُخَلَّطٌ

M'kollot, part. pass. 2ᵉ f. mélangé, mêlé.

خَلَعَ

K'la, (ao. *a*), revêtir d'un vêtement d'honneur.

خَلْعَةٌ

K'laa, pelisse, vêtement d'honneur.

خَالَفَ || خَلَّفَ || خَلَفَ

تَخَالَفَ

K'lef, (ao. *a*), venir après. || *Kellef*, 2ᵉ f. laisser après soi. || *Kâlef*, 3ᵉ f. contredire, s'opposer. || *T'kallef*, 5ᵉ f. rester en arrière.

خَلْفٌ

Kalf, pris adverb. derrière, à la suite.

خَلَّفَ عَلَى سَلْبِ || خَلَفٌ

Kalef, descendance, pos—

térité. || *Kalef ạla salef*, de père en fils.

خِلَاف

K'láf, opposition, controverse, ce qui est contraire.

خِلَافَة

K'lafa, vicariat, califat.

خَلِيفَة , خُلَفَاء

K'lyfa, pl. *kolafa*, calife, vicaire, califat. (En Alg. un califat est un gouverneur de province ou le lieutenant d'un chef.)

إِخْتِلَاف

Iktilaf, (litt.), nom d'act. 8ᵉ f. diversité, variété, discordance.

خَلَق

K'loq, (ao. *o*), créer.

خَلَق

Kalq, créature en général.

خِلْقَة

Kalqa, forme extérieure du corps.

خَلَايِق , خَلِيقَة

Kláyk, plur. de *k'lyqa*, créatures, qualités.

خَلَا || خَلَّى

K'la, (ao. *o*), être vide, écoulé. || *Kolla*, 2ᵉ f. vider, laisser.

خَلَا , [غِير]

K'la, [Alg. *rér*], excepté.

خَمَد || خَمَّد , أَخْمَد

K'med, (ao. *o*), s'éteindre. || *Kemmed*, 2ᵉ f. et (litt.), *'kmed*, 4ᵉ f. éteindre, assoupir.

خَمْر

Kam'r, s. fém. vin.

خَمْسَة , خَمْس

Kamsa et fém. *Kams*, cinq.

خَمْسِمَائَة

Kamsmya, cinq cents.

خَمْسُون , خَمْسِين

Kamsoun, nom. et *Kamsyn*, gén. et acc. cinquante. (Vulg. on n'emploie que la forme *kamsyn*.)

خُنْثَى

Kountsa, mulet, qui n'a pas de sexe.

خَنْدَق || خَنَادِق

Kandoq, pl. *k'nádoq*, fossé, conduit, canal.

خِنْزِير , خَنَازِير

Kanzyr, pl. *k'názyr*, porc, pourceau.

خَنَف

Ḳ'noq, (ao. *a*), étrangler.

خَوَجَة

Kodja, écrivain, greffier, secrétaire.

خَوْخٌ , خَوْخَة

Ḳouḫ, coll. et n. d'un *ḫouḫa*, pêche, au sing. petite porte.

خَافَ , تَخَوَّف

Ḳ'âf, (ao. *a*), v. conc., et *t'ḫououef*, 5e f. craindre, être effrayé.

خَوَّل

Ḳououel, 2e f. v. conc. combler les vœux. c. P. D.

خَالٌ

Ḳál, oncle maternel.

خَانٌ

Ḳán, taverne, hôtellerie, caravansérail.

خَابَ || خَيَّبَ

Ḳáb, (ao. *i*), v. conc. être frustré, déçu. || *Ḳyyeb*, 2e f. frustrer, décevoir.

خَيْبَر

Ḳaybar, Kaïbar, nom d'une forteresse.

إِخْتَارَ

Aḫtár, v. conc. 8e f. choisir.

خَيْرٌ , أَخْيَارٌ , خِيَارٌ — الخَيْر

Kér, plur. *'kyâr* et *kyâr*, bon. — *Elḫér*, pris subst. le bien.

خَيْرَةٌ , خَيْرَاتٌ — سَبِيل الخَيْرَاتِ

Ḳeyra, pl. *ḳeyrât*, bonne œuvre, belle qualité. — *S'byl el ḳeyrât*, la voie des bonnes œuvres. (On nomme ainsi un bureau de legs pieux et aumônes.)

إِخْتِيَارٌ

Iḫtyár, nom d'act. 8e f. élection, choix.

مُخْتَارٌ

Moḫtár, part. pass. 8e f. élu, choisi. — *Id.* nom d'homme.

خَيْلٌ

Ḳyl, s. fém. coll. chevaux.

خُيَلَاءُ

Ḳ'yalá, (litt.), arrogance, orgueil.

ﺩ

دَارَا

Dárá, Darius, n. d'homme.

دَانِيَالُ

Dányál, Daniel, nom d'homme.

دَاوُدُ

Dáoud, David, n. d'homme.

دَابَّةٌ , دَوَابُّ

Dábba, pl. *douább*, monture, bête de somme.

دِيبَاجٌ

Dybádj, vêtement de soie, étoffe de soie de diverses couleurs brochée d'or.

دَبَّرَ ‖ تَدَبَّرَ

Debber, conseiller. ‖ *T'debber*, 5ᵉ f., méditer, examiner avec attention.

تَدْبِيرٌ

Tedbyr, nom d'act. 2ᵉ f. prudence, conseil, sagesse.

دَبُّوسٌ ‖ دَبَابِيسَ

Debbous, pl. *d'bábes*, massue, hache d'armes, javelot de chasse.

دَجَاجٌ , دَجَاجَةٌ

D'djádj, coll. et n. d un. *d'djádja*, poule.

دَخَلَ ‖ دَخَّلَ , أَدْخَلَ

D'kol, (ao. *o*), entrer. ‖ *Dokkol*, 2ᵉ f. et *'dkol*, 4ᵉ f. (litt.), faire entrer, introduire.

دَاخِلَ ‖ دَاخِلًا

Dákol, part. act. entrant, pris prépositivement, en dedans de. ‖ *Dákol*, à l'acc. pris adverbialement, en dedans, dedans.

دُخُولٌ

D'koul, entrée.

دُخَانٌ

Doukán, fumée, tabac à fumer.

دُرٌّ , دُرَّةٌ , [جَوْهَر - جَوْهَرَةٌ]

Dorr, coll. et nom d'un. *dorra*, [Alg. *djouhar*, n. d'un. *djouhara*], perles.

دُرْجَةٌ , دُرَجٌ

Dordja, pl. *d'rodj*, degré, rang, échelon.

دَرَكَ ‖ أَدْرَكَ

D'rek, (ao. *i*), atteindre, poursuivre. || *'drek*, 4ᵉ f. atteindre, réussir.

دِرْهَمٌ || دَرَاهِمٌ

D'rahm, plur. *dráham*, drachme, petite monnaie valant 1/20 d'un denier d'or. (En Alg. le sing. *d'rahm* vaut 1/20 d'un sou et le pl. *dráham* signifie argent monnayé.)

دَرَا

D'ra, (ao. *i*), savoir.

دَسْتٌ

Dest, (mot persan inus. à Alg.), divan, sofa, vestibule.

دَعْ , وَدَعَ

Da, impér. 2ᵉ p. sing. de || *ouda*, verbe ass.

دَعَى , ب ‐ ل , على ||
دَعَوالَهُ بِالْخَيْرَاتِ || اِدَّعَى
اِسْتَدْعَى

Daa, (ao. *i*), appeler (C. *b*). — Invoquer pour (C. *l'*), contre (C. *ala*). || *Daou l'hou bel-keyrât*, ils invoquèrent Dieu en sa faveur : ils appelèrent sur lui les faveurs de Dieu. || *Eddaa*, 8ᵉ f. réclamer, revendiquer. || *Est'daa*, 10ᵉ f. appeler, invoquer.

دُعَى || أَنْ أَدْعَى

Douaïa, (litt.), voix pass. être appelé, être invité. || *An oudaa*, (litt.), que je sois appelé.

دَفَعَ || دِفِعَ

D'fa, (ao. *a*), pousser en avant, compter de l'argent, livrer. || *Doufia*, v. pass.

دَفْعَةٌ

D'faa, impulsion, coup, fois.

دَفَنَ

D'fen, (ao. *i*), enterrer.

دَفِيقٌ

D'qyq, farine.

دَلَّ

Dell, (ao. *o*), indiquer, servir de guide.

دَلِيلٌ , أَدِلَّا

D'lyl, pl. *adella*, guide.

دَمٌ , [دَمّ]

Dem, [Alg. *demm*], sang.

دَمْتُمْ , [دمتوا] ‐ دَامَ

Demtoum, [Alg. *demtou*], 2ᵉ p. plur. prét. de *dám*, v. conc.

دَمْعٌ , دُمُوعٌ

D'ma, pl. *d'moua*, larmes, pleurs.

دِمَاغ

D'mâr, cerveau, partie supérieure de la tête.

دَنَأ

D'na', (ao. *a*), être vil, méprisable.

دَنِىّ ‖ أَدْنَى

D'ny, vil, méprisable. ‖ *Adná*, comparatif de *d'ny*, plus vil, le moindre.

دِنَايَة

D'náya, bassesse.

دَنَا ‖ دَنَّى , أَدْنَى

D'ná, (ao. *a*), être près, s'approcher. ‖ *Denna*, 2ᵉ f. et *'dna*, 4ᵉ f. (litt.), faire approcher.

أَدْنَى ‖ أَدْنَى مَاه

Adna, comparatif, plus proche, le plus près. ‖ *Adna má'*, (construction litt.), l'eau la plus proche.

دُنْيَا

D'nya, fém. compar. pris substantivement, (la) vie de ce monde, (le) monde, (les) biens mondains.

دِينَارٌ , دَنَانِرُ

Dynár, pl. *d'náner*, denier d'or, (la valeur en est très-variable).

دَهْر

Dah'r, temps, durée.

دَهَا

D'ha, (ao. *a*), tourmenter, inquiéter.

دَاء

Dâ', maladie, mal.

دَاخ ‖ دَوَّخ

Dâk, (ao. *o*), v. conc. être étourdi. ‖ *Dououek*, 2ᵉ f. étourdir, être étourdi.

دَارَ ‖ دَوَّرَ , أَدَارَ

Dár, (ao. *o*), conc. tourner. ‖ *Dououer*, et *'dár* 4ᵉ f. faire tourner, faire faire le tour.

دَارٌ , دِيَارٌ , دُورٌ

Dár, s. gen. com. pl. *dyár*, et *dour*, maison.

دُورُ , دُورُو

Dourou, qui s'écrit aussi par un *ouaou* final *Dourou*, *douro*, pièce d'argent valant 3 fr. 60 c.

مُسْتَدِيرٌ

Most'dyr, rond, de forme arrondie.

دَوْلَة

Doula, dynastie, règne, empire.

دَامَ

Dám, (ao. *o*), v. conc. durer.

دَآئِمًا ‖ دَآئِمٌ

Dáym, part. act. durant. ‖ *Dáym,* à l'acc. pris adv. toujours.

دُونٌ ‖ دُونٌ

Doun, ce qui est inférieur. ‖ *Doun,* adv. au-dessous, à l'exclusion de.

دَوَاةٌ

Douá, encrier.

دَيْنٌ , دُيُونٌ

Dyn, pl. *dyoun,* dette.

دِينٌ

Dyn, religion, rit.

دَيِّنٌ , دَيِّنَةٌ

Dyyen, fém. *dyyna,* plur. rég. honnête, religieux, probe.

ذ

ذَا , ذُو

Dá, acc. (litt.) de *dou.*

ذَاتُ , ذُو

Dát, fém. (litt.) de *dou.*

ذَاغُونُ

Dáyoun, Dagon, divinité des Philistins.

ذَبَحَ

D'bah, (ao. *a*), égorger, sacrifier.

ذَبِيحَة

D'byha, immolation, sacrifice, égorgement.

ذَكَّرَ , تَذَكَّرَ

D'ker, (aor. *o*), mentionner. ‖ *T'dekker,* se souvenir.

ذِكْرٌ

Dek'r, mention, souvenir.

ذَكَرٌ

D'ker, mâle.

مَذْكُورٌ

Medkour, part. pass. mentionné.

ذَكَاء

D'ká', sagacité, présence d'esprit.

ذَلَّ

Dell, (ao. *i*), être vil, abject, méprisé.

ذَلَّةُ

Della, abjection, bassesse.

ذَلِكَ , [هذا] ‖ كَذَلِكَ , [هكذاك]

Dalik, (vulg. *hadá*), ce, celui-ci, ceci, celui-là, cela. ‖ *K'dalik*, (Alg. *hakdák*), comme cela, ainsi.

ذَنْبٌ , ذُنُوبٌ

Den'b, pl. *d'noub*, faute, péché.

ذَنَبٌ

D'neb, queue.

ذَهَبٌ

D'hab, s'en aller; — q. f. inchoactif, se mettre à.

ذَهَبٌ

D'heb, or (métal).

مُذَهَّبٌ

M'dehheb, part. pass. 2e f. doré.

ذُو , ذِى , ذَا - [بو]

Dou, (litt.), gén. *dy*, acc. *da*, maître, possesseur de, doué de. (En Alg. on se sert dans le même sens du mot *bou*.)

ذَاتٌ , ذُو - ذَاتَ يَوْمٍ , ذَاتَ لَيْلَةٍ

Dát, fém. de *dou*, (litt.), substance, essence, maîtresse de, douée de; ce mot sert aussi littéralement à traduire nos adjectifs indéfinis : un certain, une certaine. — *Dát youm*, un certain jour; *dát lyla*, une nuit.

مِذْوَدٌ , مَذَاوِدٌ

M'doued, plur. *m'dáoud*, crêche, sac où l'on met la pâture d'une bête de somme.

ذَاقَ

Dáq, (aor. *o*), v. conc. goûter.

ر

رَأْسٌ , رُؤُسٌ ‖ رَأْسُ المَالِ

Rás, *rous*. ‖ *Rás el mál*, capital.

رَئِيسٌ , رُؤَسَاءُ

Reys, plur. *rousá'*, reïs, chef, capitaine.

رَأَى ، يَرَى ، رَى - رُ - رَةً -
[شاف] ‖ أَرَى ، [ورّى]

R'a, v. h. et déf. fait à l'aor. *yra*, à l'impérat. *rá* ou *ra* ou *rah*, [Alg. plus usité, *cháf*, v. conc. ao. *o*], voir. ‖ *Ara*, 4ᵉ f. (perd l'élif hamzé, comme l'aor. de la 1ʳᵉ f.), faire voir, montrer (Alg. *ourra*).

رَأَى

Ray, opinion, conseil, jugement.

رُويَا

Rouya, vision, songe.

مِرَآةً ، [مراية]

M'ra, (Alg. *m'ráya*), miroir.

رَبّ

Rebb, (ao. *o*), être possesseur, maître, souverain de.

رَبّ ، أَرْبَابُ ‖ أَرْبَابُ آلدَّوْلَةِ

Rebb, pl. *arbáb*, maître, souverain, possesseur. ‖ *Arbáb eddoula*, les grands du royaume.

رَبِح

R'bah, (aor. *a*), gagner, profiter.

رَبَّح

R'bah, gain, profit, lucre.

رَبَص ، تَرَبَّص

R'bos, (ao. *i*), et *t'rebbos*, 5ᵉ f. épier l'occasion, être dans l'attente.

رَبِيع

R'bya, mois de l'année, printemps. — *Id.* R'bya, n. d'homme.

أَرْبَعَةً ، أَرْبَعً

Arbaa et fém. *arba*, quatre.

أَرْبَعِمَائَة

Arbamya, quatre cents.

أَرْبَعُونَ ، أَرْبَعِينَ

Arbaoun, gén. et acc. *arbayn*, quarante. (La langue parlée n'admet que la forme *arbayn*.)

رَبَى ‖ رَبَّى

R'ba, (ao. *o*), s'enfler, entrer en adolescence. ‖ *Rebba*, 2ᵉ f. élever, nourrir.

رُتْبَة

Rotba, degré, grade, dignité.

مَرْتَبَةٌ , مَرَاتِبُ

Mert'ba, pl. *m'râteb*, ordre, classe, rang ; coussin, sofa, siége.

رَثَّ , رَثَّةً ‖ ثِيَابٌ رَثَّةً

Retts, fém. *rettsa*, vieux, usé. ‖ *Tsyâb rettsa*, vêtements en lambeaux (usité rarem.).

رَثَّا

R'tsa, v. déf. faire l'oraison funèbre, pleurer la mort de.

رَجَبُ

R'djeb, mois de l'année musulmane.

رَجَعَ ‖ إِسْتَرْجَعَ

R'dja, (ao. *i*), retourner, revenir. ‖ *Esterdja*, 10ᵉ f. chercher à ravoir, redemander.

رَاجِعَ

Rádja, part. act. revenant.

رُجُوعَ

R'djoua, retour.

إِسْتِرْجَاعَ

Istirdjáa, (litt.) n. d'act. 10ᵉ f. action de redemander, de faire revenir.

مَرْجِعُ

Merdja, refuge, recours.

رِجْلُ

R'djel, pied.

رَجُلُ , رِجَالُ

Radjel, pl. *rdjâl*, homme.

رَجُلَانِ , رَجُلَيْنِ , رَجُلُ

Radj'lân, gén. et acc., *radj'leyn*, duel de *radjel*. (Le langage n'admet que la forme *radj'leyn*.)

رَجَمَ

R'djem, (ao. *o*), lapider.

رَجْمَ

Redj'm, lapidation.

رَجَا ‖ رَجَّى

R'dja, (ao. *o* et vulg. *a*), espérer. ‖ *Redjdja*, 2ᵉ f. espérer.

رَاجٍ , رَاجِّي

Rádjin, indéterm. et *rádjy*, déterm. part. act. espérant.

رَجَاءِ

R'dja, espoir.

يُرَجِّينَ , رَجَّى

Youredjdjyna, (litt.), 3ᵉ p. fém. pl. aor. de *redjdja*.

رَحَّبَ , مَرْحَبًا

Rahhab, rendre ample, commode, dire à quelqu'un: *marahba*, sois à l'aise, jouis de la prospérité. (Voir ci-après.)

مَرْحَبًا || مَرْحَبًا بِكَ

Marahba, acc. litt. employé dans les formules de compliment, lieu vaste, commode. || *Marahba bek*, sois à l'aise, en prospérité, sois le bien-venu.

رَحَلَ , إِرْتَحَلَ

R'hal, (ao. *a*), et *art'hal*, (litt.), 8ᵉ f. partir, émigrer, déménager.

رَاحِلَة

Rahila, (inus.), chameau qui sert de monture.

رَحَمَ

R'ham, (ao. *a*), être miséricordieux pour. C. D.

رَحِيم

Rahym, miséricordieux.

رَحْمَة

Rahma, miséricorde.

رَحْمَانُ , رَحْمَنُ

Rahmán, (avec ou sans élif), miséricordieux.

مَرْحُومُ

Merhoum, part. pass. qui a éprouvé la miséricorde.

رَحَى

R'ha, s. fém. meule.

رَخَى

R'kya, et Alg. *r'ka*, (ao. *a*), v. déf. être mou, flasque, lâche.

تَرَاخَ - تَرَاخَى

T'rákin et déterm. *t'ráky*, relâchement, mollesse, négligence.

مُتَرَاخَى

M'terákan, part. pass. 6ᵉ f. [Alg. *m'teráky*, part. act.], mou, relâché, dissolu.

رَدّ

Rodd, (ao. *a*), rendre.

رِدَاء

R'dá', sorte de manteau.

رَزَقَ

R'zoq, fournir ce qui est nécessaire à la vie.

رِزْقَ

Rezq, alimentation, provision, richesse, don de Dieu.

رَزَّاقُ

Rezzáq, adj. d'intensité, pourvoyeur, qui dispense les biens.

رَزَانَةً

R'zána, gravité, importance.

رَسَلَ ، أَرْسَلَ

R'sel et *'rsel*, 4e f. envoyer.

رَسُولٌ ، رُسُلٌ

Rasoul, plur. *rousoul*, envoyé, envoyé de Dieu.

رِسَالَةً ، رَسَايِلُ

R'sála, plur. *r'sáyl*, missive, lettre.

مَرْسُولٌ

Mersoul, part. pass. envoyé.

رَشَّ

Rechch, (ao. *a*), asperger, arroser.

مَرْشُوشٌ

Merchouch, part. pass. arrosé.

رَشَدَ

R'ched, (ao. *o*), suivre le droit chemin, ne pas errer.

رَشِيدٌ ‖ هَارُونُ الرَّشِيدُ

R'chyd, qui suit le droit chemin, sage, droiturier. ‖ *Hároun errachyd*, Haroun errachid (Haroun le droiturier), nom d'un calife.

رَصَدَ

R'sod, (ao. *o*), dresser des embûches, épier.

مُرَصَّع

M'ressa, part. pass. 2e f. brodé d'or et de pierreries.

أَرْضَعَ

'Rda, 4e f. allaiter.

مُرْضِعٌ ، مَرَاضِعٌ

Merda, pl. *m'ráda*, nourrice.

رَضِيَ

R'dia, et Alg. *r'da*, (ao. *a*), consentir, être content.

رِضْوَانُ

R'douán, grâce, faveur divine.

تَوَرَّطَم ، إِرْتَطَم

T'rottom, 5e f. et *art'tom*, 8e f. s'embourber, s'enfoncer.

إِرْتَعَدَ

Art'ad, 8e f. grelotter, tremblotter, frissonner.

رَعَى

رَعَى

Raa, (ao. *a*), faire paître, prendre soin, observer.

رَعِيَّة

Rayya, sujets, peuple.

مُرْعِى

M'raÿ, (déterm.), part. act. 4ᵉ f. qui dirige, qui conduit, sage.

رَغَب

R'rab, (aor. *a*), désirer, vouloir.

رَغْبَة

Rorba, désir, envie.

أَرْغَد , رَغِيد

Arrad, compar. de *r'ryd*, abondant, commode.

رَغِيف , [دبشماظ]

R'ryf, sorte de galette ronde, (Alg. *bechmât*).

رَغْم

R'ram, aversion.

رَفَس

R'fes, (ao. *o, i*), repousser du pied.

رَفَع || رَفَّع || رُفِع

R'fa, (aor. *a*), élever. || *Reffa*, élever, faire monter. || *Roufia*, (litt.), voix passive de *r'fa*.

رَفْع

R'fa, action d'élever.

رَافِع || أَبُو رَافِع

Ráfa, part. act. élevant. || *Abou ráfa*, nom d'homme.

رَفِيع

R'fya, élevé.

أَرْفَع , رَفِيع

Arfa, compar. de *r'fya*, plus élevé, le plus élevé.

مُرْتَفِع

Mert'fa, part. pass. 8ᵉ f. élevé.

رَفِيق , رُفَقَاء

R'fyq, pl. *r'faqá'*, compagnon, camarade.

رَقّ

Roqq, (aor. *i*), être ému de compassion.

تَرَقَّب

T'roqqob, 5ᵉ f. observer, attendre.

رَفَبَة , رِفَاب

Roqba, pl. *r'qáb*, cou.

رُفَد

R'qod, (aor. *o*), dormir, être couché.

رَافِدْ

Ráqed, part. act. dormant, couché.

رَمَضَانْ

Ram'dán, Ramadan, nom d'un mois de l'année.

رَكَبْ

R'keb, (ao. *a*), monter (à cheval, etc.).

أَرْمَلْ , أَرْمَلَةْ [عَازِب , هجَّالَة]

Armal, fém. *armala*, veuf. (A Alg. le masc. veuf se rend par *aázeb*, garçon, ou une périphrase; le fém. veuve se traduit par *hadjdjála*.)

رَاكِبْ ‖ رُكَّابْ

Rákeb, pl. rég. part. act. montant (un cheval, etc.). ‖ *Id.*, pl. *rekkáb*, écuyer.

رَمَى

R'ma, (ao. *i*), v. déf. lancer, jeter.

رُكُوبْ

R'koub, action de monter (à cheval, etc.).

مُرَامَاةْ

M'rámá, action de lancer.

تَرْكِيبْ

Terkyb, arrangement, disposition.

رَاحَ ‖ أَرَاحَ ‖ إِسْتَرَاحَ

Rah, (ao. *o*), v. conc. aller, s'en aller. ‖ *Aráh*, 4ᵉ f. faire reposer. ‖ *Est'ráh*, 10ᵉ f. se reposer.

مَوْكَبْ , مَرَاكِبْ

Merkeb, pl. *m'rákeb*, véhicule, monture, navire.

رُوحْ , أَرْوَاحْ - أَنَا رُوحِى - رَمَى رُوحَهُ

R'kod, (aor. *o*), talonner, éperonner.

رَكَضْ

Rouh, s. masc. et fém. pl. *arouáh*, âme, souffle, haleine. — Ce mot, suivi des divers affixes, traduit nos pronoms composés : moi-même, toi-même, etc., et nos pronoms réfléchis : se, soi, etc.; ex. : *aná rouhy*, moi-même — *r'ma rouhhou*, il se jeta.

رُمْحْ , رِمَاحْ , أَرْمَاحْ [مزراف]

R'mah, plur. *r'máh* et *'r-máh*, (Alg. *mezráq*), lance.

رَمْسْ , رُمُوسْ - [فبر , فبورا]

R'mes, pl. *r'mous*, (Alg. *qob'r*, pl. *q'bour*), sépulcre.

يِحْ

Rih, s. gén. comm. vent.

رَوَاحَةٌ || عَبْدُ اللّٰهِ بْنُ رَوَاحَةٌ

Rouaha, joie, repos.|| *Abd allah ben rouaha*, nom d'homme.

مُسْتَرِيحٌ

Mest'ryh, part. act. 10e f. se reposant.

رَاوَدَ || أَرَادَ

Ráoud, 3e f. v. conc. solliciter, désirer. || *Arád*, 4e f. vouloir, désirer.

مُرَادٌ

M'rád, désir, intention, dessein.

رَوَى || رُوَى

Roua, (ao. *i*), v. déf. rapporter, raconter. || *Rouïa*, (litt.), voix passive.

ريبوبليك

Ryboublyk, république, (langue franque).

رِيفٌ , أَرْيَافٌ [جنان]

Ryf, plur. *'ryáf*, contrée cultivée, campagne, (Alg. *djnán*).

ز

زَبُورٌ

Zabour, psaumes de David, psautier.

زُبَيْرٌ

Zobeyr, nom d'homme.

زَبَرْجَدٌ

Z'berdjed, émeraude ou topaze.

زَجَاجٌ

Z'djádj, verre.

زَجَّاجٌ , زَجَّاجِى

Zedjdjadj et *z'djadjy*, vitrier.

زَجَرَ

Z'djer, (aor. *o*), apostropher, chasser par des cris, empêcher.

زَحَفَ || تَزَاحَفَ

Z'haf, marcher en avant. || *T'záhaf*, en venir aux mains, à la mélée.

زَرَعَ

Z'ra, (ao. *a*), semer.

زَرَّاعٌ

Zerráh, nom de mét. se-
meur.

زَرِيعٌ ، زَرَارِعُ

Zerrya, pl. *z'rára,* grai-
nes de diverses qualités.

زَرِيعَةٌ

Z'rya, graine, semence.

مُزَرْكَشٌ

M'zerkech, de soie bro-
chée d'or.

زَعَمَ

Z'am, (ao. *o*), dire, pré-
tendre.

زَفَّ

Zeff, (ao. *o*), conduire en
pompe la mariée.

زِفَافٌ

Z'fáf, conduite de l'épou-
sée au mari.

زُفَافٌ ، أَزِفَّةً ـ [زنفة ،
زناف]

Z'qáq, plur. *'zoqqa,* (Alg.
zanqa, pl. *z'náq*), rue.

زَكَى ‖ أَزْكَى ، زَكَّى

Z'ka, (ao. *o, a*), augmen-
ter, être pur. ‖ *Azka,* 4ᵉ f.
ou vulg. *zekka,* 4ᵉ f. regar-
der comme pur, choisir,
accueillir.

زَاكِى

Záky, (déterm.), pur.

زَكِّى ‖ أَزْكَى

Z'ky, pur. ‖ *Azka,* com-
par. et superl. de *z'ky.*

زُمَرُّد

Z'merred, émeraude.

زَنَى

Z'na. (ao, *i*), commettre
l'adultère.

زِنَاء

Z'ná' adultère.

زَانِى

Zány, (déterm.), part. act.
qui prat. la fornic., adultère.

زُهْرَة

Zohra, beauté. — *Id,* Zoh-
ra, n. de femme.

زَهَا

Z'ha, (ao. *a*), être enflé
d'orgueil.

زَوَّج ‖ تَزَوَّج

Zououedj, 2ᵉ f. marier, se
marier. ‖ *T'zououedj,* 5ᵉ f.
se marier à, épouser.

زَوْج ، زَوْجَةً

Zoudj, fém. *zoudja,* époux,
épouse.

زَوَاجُ

Zouâdj, mariage.

مِزْوَدُ ، مَزَاوِدُ

Mezoued, plur. *m'zâoud*, nom d'instr. besace, sac à provisions. (A Alg. le *mezoued* est ordinairement fait d'une peau d'agneau ou de chèvre.)

زَارَ لا زَوَّرَ

Zâr, (ao. *o*), visiter. || *Zououer*, falsifier, fabriquer.

زُورٌ

Zour, fausseté, faux, falsification ; — compression, violence.

مُزَوَّرٌ

M'zououer, part. pass. 2e f. fabriqué, faussé, falsifié.

زَالَ || أَزَالَ || زَالَ يزال زيل

Zâl, (ao. *o*), changer de place, || *Azâl*, 4e f. faire cesser, éloigner, enlever. || *zal*, (ao. *a*), rad, *zil*, cesser.

زَيْتَ

Zyt, s. masc. et fém. huile d'olive.

زَيْتُونُ ، زَيْتُونَةُ

Zytoun, coll. *zytouna*, n. d'un. olive, olivier.

زَادَ || تَزَايَدَ

Zâd, (ao. *i*), s'accroître, augmenter. || *T'zâyd*, 6e f. croître, augmenter.

زَايِدَ

Zâyd, part. act. augmentant, augmenté, excessif, superflu.

زِيَادَةُ

Zyâda, accroissement, augmentation.

مَزِيدُ

M'zyd, accroissement, augmentation.

زِينَةُ

Zyna, ornement, parure.

زَيْنَبُ

Zeynab, nom de femme.

س

se place devant l'aor. et lui donne le sens du futur.

سَأَلَ

Sa, (litt.), particule qui

Sal, (ao. *a*), v. h. interroger, demander, mendier.

سَائِلٌ

Sáyl, part. act. demandant, interrogeant, mendiant.

سُؤَالٌ

Souăl, demande.

مَسْأَلَةٌ , مَسَائِلُ

M'sala, pl. *m'sáyl*, question, demande, point à discuter.

سَبَّبَ

Sebbeb, 2ᵉ f. susciter, causer, créer un motif.

سَبَبٌ , أَسْبَابٌ - [سَبَّة]

S'beb, plur. *'sbáb*, [Alg. *sebba*], cause, motif.

سَبْتٌ

Sebt, sabbat.

سَبَّحَ , سُبْحَانُ اللّٰهِ

Sebbah, louer (Dieu), prononcer les paroles : *sobhán allah*.

سُبْحَانٌ

Sobhán, action de louer, louange.

سَبْعَةٌ , سَبْع

S'baa, et fém. *s'ba*, sept.

سَبْعُ مَائَة

S'ba mya, sept cents.

سَبْعُونَ , سَبْعِين

S'baoun, et gén. et acc. *s'bayn*, soixante-dix. (Le langage n'admet que la forme *s'bayn*.)

سَبِيلٌ

S'byl, chemin, voie.

مُسَبِّلٌ || عَمَايِمْ مُسَبِّلَة

M'sebbel, qui forme l'épi, pendant || *Amáym m'sebbela*, turbans retombants.

سَبَى

S'ba, (ao. *i*), réduire en captivité.

سِتَّةٌ , سِتّ

Setta, et fém. *sett*, six.

سِتُّ مَائَة

Sett' mya, six cents.

سِتُّونَ , سِتِّين

Settoun, et gén. et acc. *settyn*, soixante. (Le langage n'admet que la forme *settyn*.)

سَتَرَ , سَتَّرَ

S'ter, (ao. *o*), et *setter*, 2ᵉ f. protéger, couvrir.

سِتْر

S'ter, protection.

سَتَّار

Settâr, adj. d'intens. protecteur.

سَجَد

S'djed, (ao. *o*), adorer, se prosterner.

سَاجِد

Sâdjed, part. act. adorant, prosterné.

مَسْجَد , مَسَاجِد

Mesdjed, plur. *m'sâdjed*, mosquée, chapelle, lieu où l'on adore Dieu.

سَجَن

S'djen, (ao. *o*), incarcérer.

سَجْن

Sedj'n, incarcération.

سَجَن , سُجُون

S'djen, pl. *s'djoun*, prison.

سَحَب

S'hab, (ao. *a*), tirer, traîner, secouer en tirant.

سَحَاب

S'hâb, nuages.

سَحَر

S'har, (ao. *a*), ensorceler, enchanter.

سَدّ || سَدَّد

Sedd, (ao. *o*), boucher. || **Sedded**, 2e f. diriger, redresser.

سَرّ || سُرّ

Serr, réjouir. || **Sourr**, (à la voix passive), être joyeux.

سِرّ

Serr, secret.

سَرِير

S'ryr, trône, (Alg. estrade sur laquelle est le lit, chambre à coucher).

سَرْج , سُرُوج

Serdj, pl. *s'roudj*, selle.

سَرَح

S'rah, (ao. *a*), aller librement, être en liberté.

سَرَع , أَسْرَع , [عجل]

S'ra, et 4e f. *'sra*, [Alg. *adjel*], se hâter. (La forme *'sra* signifie aussi hâter, accélérer.)

سَرَاع , سَرَع , [عجلة]

S'râa et *s'ra*, [Alg. *adjla*], hâte, promptitude.

سَرِيعٌ || سَرِيعاً , [فى السّاعة]

S'rya, vite, hâté, rapide. || S'ryan, acc. pris adverb. promptement, [Alg. *fyssá*].

سرف , أسرف

Serraf, (ao. *a*) et 'sraf, 4ᵉ f. dépenser avec prodigalité.

مسرف

Mesref, part. act. 4ᵉ f. qui dépense, prodigue.

سَرَق

S'raq, (ao. o), voler.

سَرْفَة

Sarqa, vol.

سُرَافَة

Soraqa, Soraca, n. d'homme.

سَطْح , سُطُوح

S'tah, pl. s'touh, terrasse, surface plane.

سَطَر

S'tor, (ao. o), écrire, tirer des lignes.

سَعَد || سَعَّد , أَسْعَد

S'ad, (aor. a), être heureux. || Saad, 2ᵉ f. et 'sad, 4ᵉ f. rendre heureux.

سَعْد || سَعْد

Sad, bonheur. || Soad, Soad, nom d'homme.

بَنُو سَعْد , بَنِى سَعْد

B'nou Saad, gén. et acc. b'ny Saad, les Beny-Saad, n. de tribu.

سَعِيد

Sayd, heureux.

سَعَادَة

Saáda, félicité, expression honorifique employée dans le style épistolaire.

سَعْدِى

Saady, Saadien, qui est de la tribu des Beni-Saad.

سعى

Say, intention, soin, désir.

سعى

Saa, (ao. a), aller, se diriger; — donner ses soins.

سَافَر

Sáfer, 3ᵉ f. partir, voyager.

سَفَر

S'fer, voyage.

سِفَر

Sifer, livre, partie de la Bible.

سَفْرَة

Sefra, voyage.

مُسَافِر

M'sáfer, part. act. 3ᵉ f. voyageant.

سَفَالَة

S'fâla, bassesse.

أَسْفَلُ

Asfel, compar. et superl. très-vil, très-bas, le plus vil, plus vil, qui est au-dessous.

أَسْفَى

Asfa, 4ᵉ f. (litt.), devenir stupide, fou, être consterné.

سُفْيَانُ

Sofyan, nom d'homme.

سَقَط

S'qot, tomber de haut.

سَافِطُ || سُقَّاط

Sáqot, part. act. tombant. || *Id.* plur: *soqqat*, estropié, privé de.

سَفَى , سَقَّى || إِسْتَسْفَى

S'qa, (ao. *i*), verser, arroser, servir à boire. || *Soqqa*, 2ᵉ f. même signif. || *Est'qa*, 8ᵉ f. verser à boire, verser, puiser.

سكَت

S'ket, (ao. *o*), se taire.

سُكُوتُ

S'kout, silence.

سَكَرَ

S'ker, (ao. *i*), s'enivrer.

سَكْرَةً , سَكَرَاتُ ـ سَكَرَاتُ آلْمَوْتِ

Sekra, pl. *s'karat*, ivresse, agonie. – *S'karat el mout*, les angoisses de la mort.

سَكْرَانُ , سُكَارَى || سِكْرَى , [سكرانة]

Sekrân, pl. *s'kâra*, ivre. || *Sakra*, [Alg. plus usité *s'-krâna*], fém. de *sekrân*.

سَكَنَ || أَسْكَنَ , سَكَّنَ

S'ken, habiter, être calme. || *Asken*, 4ᵉ f. et vulg. *sekken*, 2ᵉ f. faire habiter, donner pour séjour.

سَاكِنُ

'Sáken, part. act. habitant.

سِكِّينُ , سَكَاكِينُ

Sekkyn, s. masc. et fém., pl. *s'kâken*, couteau.

مَسْكَنُ , مَسَاكِنُ

Mesken, pl. *m'sâken*, ha-

bitation, demeure, apparte-
ment.

مَسْكِينٌ , مَسَاكِينٌ

Meskyn, pl. *m'sâkin*, pau-
vre, indigent, malheureux.

مَسْكَنَةٌ

Mesk'na, pauvreté, indi-
gence.

سَلَبَ

S'leb, dérober, détrous-
ser.

سَلَتَ

S'lot, (ao. *o; i*), épiler, ra-
ser.

سِلَاحْ

S'lâh, coll. armes.

سَلَخَ

S'lok, (ao. *o, a*), écorcher.

مَسْلُوخْ

Meslouk, part. pass. écor-
ché.

سِلْسِلَ , سِلْسِلَةً , سَلَاسِلْ

Selsel, nom d'un. *sels'la*,
pl. *s'lásel*, chaîne, lien.

سُلْطَانْ , سَلَاطِينْ

Soltán; pl. *s'laten*, sul-
tan.

سَلْطَنَةٌ

Selt'na, puissance, em-
pire.

سِلْعَةً , سِلَعْ

S'lâa, pl. *s'la*, marchan-
dise.

سَلَفٌ , أَسْلَافٌ

S'lef, pl. *'sláf*, aïeul, an-
cêtre.

سَالِفٌ

Sâlef, antérieur, qui pré-
cède dans le temps.

سَلَّمَ - عَلَى ‖ تَسَلَّمَ

Sellem, 2ᵉ f. livrer, aban-
donner. ‖ *Id.* suivi de *ala*,
saluer. ‖ *T'sellem*, s'empa-
rer, se nantir, recevoir.

سَلَامٌ

S'lâm, salut, paix, santé.

سَلَامَةٌ

S'lâma, santé, salut.

سَلْمَانْ

Selmân, nom d'homme.

سُلَيْمَانْ

S'lymân, Salomon, Soli-
man, nom d'homme.

إِسْلَامٌ

Islám, Islamisme.

تَسْلِيمٌ

Teslym, nom d'act. 2e f. action de livrer, d'abandonner.

سَلَكْ , سَلَكَةٌ , [حوت , حوتة]

S'mek, coll. et *semka*, n. d'un. [Alg. *h'out* et *houta*, n. d'un.], poisson.

مُسْلِمٌ , مُسْلِمُون , مُسْلِمِين

Meslem, plur. *m'selmoun*, gén. et acc. *m'selmyn*, Musulman. (Le langage n'admet que la forme *m'selmyn*.)

سَمِن

S'men, (ao. *a*), s'engraisser.

مُسَالَةٌ , مُسَالَمَاتٌ

M'sálama, pl. *m'sálamat*, salutations.

سَمَن

S'men, crême de lait, beurre fondu.

سَمٌّ , سَمُومٌ

Semm, pl. *s'moum*, poison, venin.

سَمِين , سَمِينَة

S'myn, fém. *s'myna*, gras.

سَمَحْ , سَامَحْ

S'mah et *sámah*, 3e f. pardonner.

سَمَّى , بِسْمِ ٱللهِ

Semma, v. déf. 2e f. nommer; dire les paroles : *besm ellah*, au nom de Dieu !

سِمْسَارْ , سَمَاسِرْ

Semsár, pl. *s'máser*, courtier, proxénète.

سَمَآءَ , سَمَاوَاتْ

S'má', pl. *s'máouât*, ciel.

سَمَعْ

S'ma, (aor. *a*), entendre, écouter.

آسْمٌ , أَسْمَآءَ , أَسَامِى

Esm, pl. *esmá'* et *asámy*, nom.

سَمْعْ

Sem'a, action d'entendre, d'écouter.

سِنٌّ , أَسْنَانٌ

Senn, pl. '*snán*, dent, âge.

مَسْمَعْ , مَسَامِعْ

Mesma, pl. *m'sáma*, nom d'instr. oreille.

سُنَّةٌ

Sounna, conduite, règle de tradition, faits et gestes de Mohammed.

سَنَةٌ , سِنُونَ , سِنِينَ

S'na, plur. *s'noun*, gén.
et acc. *s'nyn*, année. (Le
langage n'admet que la for-
me *s'nyn*.)

سَنَدَ ǁ أَسْنَدَ

S'ned, (ao. *o*), s'appuyer.
ǁ '*Sned*, 4e f. appuyer.

سَهَلَ

S'hel, être commode, fa-
cile.

سَهْلٌ

S'hel, plaine, surface pla-
ne.

أَسَاءَ ǁ أَسِىَ ٱلطَّنَّ بِ

Asa', (litt.), v. conc. et h.
4e f. ao. *i*, rendre mauvais.
ǁ *Ousy 'dden b'*, (litt.), j'ai
mauvaise opinion de.

سَيِّدٌ , سَادَةٌ , سَيَائِدُ [سياد]

Syyed et *syd*, pl. *sada* et
syáyd, [Alg. *syâd*], maître,
seigneur, sieur.

سِيَادَةٌ

Syáda, seigneurie.

أَسْوَدُ , سَوْدَاءُ , سُودٌ

'*Soued*, fém. *soudá*', plur.
soud, noir.

سِيَاسَةٌ

Syása, bonne direction,
rectitude, prudence.

سَاعَةٌ , سَاعٌ , سَاعَاتٌ ǁ
مِنْ سَاعَتِهِ [فى الساعة]

Sáa, plur. *sáa* et *sáât*,
heure. ǁ *Men sáathou*, à
l'instant.

سَاقَ

Sáq, (ao. *o*), v. conc. ex-
citer, aiguillonner.

سُوقٌ , أَسْوَاقٌ

Souq, pl. '*souáq*, marché,
rue marchande.

سَوَّاقٌ

Sououáq, celui qui aiguil-
lonne, bouvier, (n. de mét.).

سَوَى

Soua, (ao. *a*), valoir.

سِوَى , [غير]

Sioua, [Alg. *rer*], outre,
excepté.

سَارَ ǁ سَيَّرَ

Sár, (ao. *i*), v. conc. mar-
cher, aller. ǁ *Syyer*, 2e f.
faire aller, faire marcher.

سَائِرٌ ǁ سَأْر

Sáyr, part. act. allant,
marchant, reste (de *sar*. v. h.)

سِيفٌ , سِيُوفٌ

Syf, plur. *syouf*, sabre, glaive.

سَال

Sál, (ao. *i*), couler.

سـيـل , سال ‖ سَـأئِـلَ سَـأَلَ

Sáyl, part. act. de *sál*, v. conc. coulant. ‖ *Sáyl*, pl. rég. mendiant (dérivé de *sal* v. hamzé).

ش

شَام

Chám, s. fém. Syrie.

أَشَامُ

Chám, comp. et superl. de *choum*, inus. vulg. le plus fatal, le plus méchant, plus fatal.

شِيمَةَ , [طَبِيعَة]

Chyma, naturel, caractère, [Alg. *t'byaa*].

شَأنُ , شُوُونُ , شُونُ

Chán, pl. *chououn*, *choun*, affaire d'importance, chose.

شَبَّ

Chebb, (ao. *i*), être dans l'adolescence — se dresser sur ses pattes de derrière.

شَابُّ , شُبَّانُ

Chább, pl. *chebbáa*, adolescent, jeune homme.

شَبَعَ

Ch'ba, (ao. *a*), être rassasié, satisfait.

شَبَكَةَ , شِبَاكُ

Cheb'ka, pl. *ch'bák*, filet pour la pêche, la chasse, etc.

أَشْبَه

'Ch'bah, 4e f. ressembler à.

شَتَمَ

Ch'tem, (ao. *o. i*), outrager, insulter, offenser.

مَشْتُومُ

Mechtoum, part. pass. outragé, digne d'outrage, abominable.

شِتَاءَ

Ch'tá, hiver, (Alg. pluie).

شَاتِي , شَاتِيَةَ

Cháty, (déterm.) fém. *chátya*, pluvieux, d'hiver.

شَجَرُ , شَجَرَةَ

9

Chedjer, coll., n. d'un. *chedjra*, arbre.

شَحْنَاء [بغض],

Chaḥnâ', [Alg. *borḍ*], inimitié, haine.

شَخَص

Ch'ḳoṣ, avoir l'œil hagard, fixe.

شَخَص , شُخُوص , أَشْخَاص

Choḳṣ, plur. *ch'ḳouṣ*, et *'ch'ḳâṣ*, corps, personne, individu.

شَدَّ || إِشْتَدّ

Chedd, (ao. *o. i*), se ruer, se précipiter, tenir ferme, serrer. || *Echtedd*, 8ᵉ f. devenir fort, violent.

شَدَّة

Chedda, violence, véhémence, résistance.

شَدِيد

Ch'dyd, violent, véhément, fort, robuste.

شَرّ , شُرُور

Cherr, plur. *ch'rour*, mal, méchanceté.

شَرِب

Ch'rob, boire, (Alg. aussi fumer).

شَرَاب

Ch'râb, vin, boisson.

شُرِط , شَرَط

Ch'roṭ et *cherroṭ*, 2ᵉ f. inciser, scarifier.

مَشْرُوط

Mechrouṭ, part. pass. incisé, coupé, tailladé, scarifié.

شَرَع

Ch'ra, (ao. *a*), entreprendre, se mettre à, prescrire une loi.

شَرْع

Ch'ra, loi.

شَارِع , شَوَارِع

Châra, pl. *choуâra*, grande rue, rue fréquentée.

شِرْعَة

Ch'raa, loi, précepte.

شَرِيعَة

Ch'ryaa, loi, précepte.

شَرَف || أَشْرَف

Ch'raf, (ao. *o*), être élevé, noble, vieux. || *'Chraf*, 4ᵉ f. être élevé, dominer.

شَرَف

Cher'f, noblesse.

أَشْرَاف , شَرِيف

Achraf, pl. de *ch'ryf*, nobles, grands.

أَشَارِفُ , أَشْرَفُ

Acháref, pl. du compar. *achraf*, très-noble, très-grand.

مُشْرِفٌ

Mechref, part. act. 4ᵉ f. dominant.

شَرْقٌ

Chorq, orient, est.

شَرْقِى

Cherqy, adj. rel. oriental, qui est de l'est.

مَشْرِقٌ

Mechroq, n. de lieu, orient, est, levant.

شُرِكَ ‖ أَشْرَكَ

Ch'rek, (ao. *a*), être associé. ‖ *Echrek*, 4ᵉ f. associer, donner des associés à Dieu, être idolâtre.

شَرِيكٌ , شُرَكَاءُ

Ch'ryk, pl. *ch'raká'*, compagnon, associé.

مُشْرِكٌ

Mechrek, part. act. 4ᵉ f. qui associe, qui donne à Dieu des associés, idolâtre.

شَرَا , إِشْتَرَى

Ch'ra, (ao. *i*), v. déf. et *echt'ra*, 8ᵉ f. acheter.

شَطٌّ , شُطُوطٌ

Chott, pl. *ch'tout*, rivage, bord, littoral, (Alg. étang).

شَطْرٌ , شُطُورٌ

Ch'tor, pl. *ch'tour*, moitié.

شَاطِرٌ , شُطَّارٌ

Cháter, pl. *chettár*, filou, rusé, habile.

شَطَارَةٌ

Ch'tára, astuce, habileté, filouterie.

شَيْطَانٌ , شَيَاطِينُ

Chytán, pl. *chyáten*, Satan, diable.

شَعَبٌ

Ch'ab, foule.

شَعْبَانُ

Chabán, Chaban, mois de l'année musulmane.

شَعَرٌ

Ch'ar, coll. cheveux.

شَاعِرٌ , شُعَرَاءُ

Cháar, pl. *choará'*, poëte.

شَعِيرٌ

Chaÿr, orge.

مَشْعُورْ

Mechaour, part. pass. connu, réputé.

شَغْلْ , شُغُولْ , أَشْغَالْ

Ch'rol, pl. *ch'roul* et *'ch'rál,* affaire, occupation.

إِشْتَغَلْ

Echt'rál, 8e f. s'occuper de.

مَشْغُولْ

Mechroul, part. pass. occupé.

شَفَقَةْ

Chef'qa, affection, tendre intérêt, commisération.

شَفُوفْ

Ch'fouq, qui a pitié, qui porte intérêt.

شَقّ

Choqq, (ao. *o*), fendre, séparer.

شَقَّةْ

Cheqqa, fente, fissure. || *Id.* distance, (inus. à Alger).

شَكّ

Chekk, doute, soupçon.

شَكَرْ

Ch'ker, (ao. *o*), remercier, féliciter, vanter.

شَاكِرْ

Cháker, part. act. reconnaissant, remerciant.

شَكّلْ

Ch'kol, figure, représentation, forme extérieure.

شَكَا , إِشْتَكَى

Ch'ka, (ao. *o* — vulg. ao. *a*), *echt'ka,* 8e f. v. déf. se plaindre.

شَكَاوَةْ

Ch'káoua, plainte.

شَاكِى

Cháky, (déterm.), part. act. se plaignant.

إِشْمَازّ

Achmazz, (litt.), entrer en fureur.

شَمَالْ || شِمَالْ

Ch'mál, côté gauche. || *Ch'mál,* s. fém. main gauche.

شُمُولْ

Ch'moul, plénitude, comble, compréhension.

شَنَقْ

Ch'noq, (ao. *i, o*), étrangler.

شِهَابٌ ‖ شِهَابُ آلدِّين

Ch'háb, flamme. ‖ *Ch'háb eddyn*, nom d'homme.

شَهِدَ ‖ شَاهَدَ ‖ أَشْهَدَ

Ch'hed, (aor. *a*), assister comme témoin, prêter témoignage. ‖ *Cháhad*, 3e f. être présent à, être témoin de. ‖ *'Chhed*, 4e f. faire témoigner.

شَاهِدٌ ، شُهُودٌ

Cháhad, pl. *ch'houd*, témoin.

شَهَادَةٌ

Ch'háda, témoignage.

شَهْرٌ ، شُهُورٌ ، أَشْهُرٌ

Ch'har, plur. *ch'hour*, et *'chor*, mois, lune.

شَهَقَ

Ch'haq, haleter, pousser des hoquets.

شَهَا ‖ إِشْتَهَى

Ch'ha, (ao. *a*), désirer. ‖ *Echt'ha*, 8e f. désirer, vouloir.

أَشَارَ

Achár, v. conc. 4e f. indiquer, conseiller, faire signe.

إِشْتَاقَ

Echtáq, v. conc. 8e f. désirer.

مُشْتَاقٌ

Mechtáq, part. 8e f. chose désirée, désir.

شَوَّالٌ

ChoUouál, mois de l'année musulmane.

شَاهَ ‖ شَاهَتْ آلوُجُوهُ

Cháh, v. conc. (aor. *o*), (litt.), avoir la vue troublée, ‖ *Cháhat el-oudjouh*, que les visages soient troublés! qu'il y ait confusion!

شَاةٌ ‖ شُوَيْهَةٌ

Chá, brebis. ‖ *Chou'heya*, (dimin.), petite brebis.

شَوَى

Choua, (ao. *i*), v. conc. et déf. faire griller.

شَاءَ ، شَيَى

Chá', (ao. *a*), pour *chaïa*, vouloir.

شَيَى ، أَشْيَاءُ

Chy, pl. *achyá'*, chose.

شُوَيَّةٌ

Chouyya, un peu.

نَيَّبٌ

Chyb, âge mûr, cheveux blancs.

شَائِبٌ   *Cháyb*, part. act. grisonnant, dans l'âge mûr.

شِيبَة   *Chyba*, nom d'homme.

شَيْخ، شُيُوخ، أَشْيَاخ
Chyk, pl. *chyouk* et *'chyâk*, vieillard.

شَيْخَان؛ شِيخ   *Cheykân*, (litt.), duel nom. de *chyk*.

شِيرِين   *Chyryn*, nom de femme.

شِيمَة، [طَبِيعَة]   *Chyma*, [Alg. *t'bya*], nature, caractère.

ص

صب

Sobb, (aor. *o*), verser, répandre, se répandre.

صَبَبْتُ، [صَبِّيت]، صب
S'bebt, (litt.), [vulg. *sobbyt*], 1re p. prét. de *sobb*.

صَبَا   *S'ba*, vent d'est, Eurus.

أَصْبَح
'Sbah, 4e f. être au matin, faire, se mettre à faire (le matin).

صُبْح، صَبَاح
S'bah et *s'bâh*, matin, matinée.

S'baha, matinée.

صَبَر   *S'ber*, (aor. *i*), patienter, espérer.

صَبْر   *Sob'r*, patience.

صَبِيّ || صَبِيَّة
S'by, adolescent, jeune garçon. || *S'byya*, fém. jeune fille.

صَحّ   *Sahh*, (aor. *i*), être sain, vigoureux, en santé, vrai.

صِحَّة   *Sahha*, santé, vigueur, intégrité, vérité.

صَحِيحٌ , صِحَاحٌ

Schyḥ, pl. *s'haḥ*, sain, vigoureux, réel, vrai.

صَاحِبٌ , أَصْحَابٌ

Sâḥab, pl. *'sḥáb*, ami, camarade, maître, adversaire.

صُحْبَةٌ

Soḥba, camaraderie, société, amitié, accompagnement.

صَحْرَاءُ

Saḥrâ', Sahara, désert, solitude, campagne déserte.

صَحْفَةٌ , صِحَافٌ , صَحَفَاتٌ

Saḥfa, pl. *s'hâf* et *s'hafât*, plat (ustensile).

صَخِبَ

S'kab, (ao. *a*), crier fort.

صَدَرَ

S'der, (ao. *i, o*), provenir, émaner, s'en retourner.

صَدْرٌ , صُدُورٌ

S'dor, plur. *s'dour*, poitrine.

صَدَقَ ǁ تَصَدَّقَ

S'doq, être sincère. ǁ *T'soddoq*, 5e f. faire l'aumône.

صِدْقٌ

Sod'q, probité, sincérité, vérité.

صَدَقَةٌ

Sad'qa, aumône, dot que le mari paye à la mariée.

صَادِقٌ

Sâdoq, sincère.

صَدُوقٌ

S'douq, sincère.

صَدِيقٌ , صُدَفَاءُ , أَصْدِفَاءُ

S'dyq, plur. *s'daqá'*, sincère, ami fidèle.

صِدِّيقٌ

Soddyq, très-sincère; — surnom d'Aboubèkre.

صَدَافَةً

S'dáqa, confiance.

مُصَدَّقٌ

M'soddoq, part. pass. 2e f. sincère, vérifié.

صِرْتُ , صَارَ

Sirt, 1re ou 2e p. prét. sing. de *sâr*, v. conc.

صَرَخَ

S'rok, (aor. *a*), crier à haute voix.

صَرَفَ ǁ إِنْصَرَفَ

Scrraf, 2e f. dépenser, échanger. || *Ens'raf*, 7ᵉ f. se retirer, partir.

إِنْصَرَاڢْ

Insiráf, nom d'act. 7ᵉ f. départ, action de prendre congé.

صَيَّارِڢْ , صَيِّرِڢْ ,[صَرَّاڢْ]

Syáraf, pl. de *syraf*, [Alg. *serráf*, pl. rég.], changeur, banquier.

صَعَدْ , أَصْعَدْ || تَصَاعَدْ

S'ad et *'sad*, 4ᵉ f. monter. || *T'sáad*, 6ᵉ f. être ardu, difficile, fâcheux.

صَاعِقَـة

Sáaqa, coup de tonnerre, foudre.

صَعْلَكَـة , [ڢڧر]

Sal'ka, [Alg. *foq'r*], indigence, pauvreté.

صَغْر || صِغْر

Sor'r, mépris, dépréciation. || *Sor'r*, petitesse.

صَغِيرْ , صِغَارْ

S'rér, pl. *s'rár*, petit.

أَصْغَر , صَغِير

Asrar, compar. et superl. de *s'rér*.

صِبْغَـة , وَصَڢْ

Sifa, voir *ousof* et les dérivés.

صَڢَرْ

S'far, mois de l'année musulmane.

أَصْڢَرْ , صَڢْرَآءْ || صَڢْرَآءْ

Asfor, fém. *sofrá'*, jaune. || *Sofrá'*, nom de lieu.

إِصْطَڢَى

Ast'fa, v. déf. 8ᵉ f. choisir.

مُصْطَڢَى

Most'fa, part. pass. 8ᵉ f. élu, choisi. — *Id.* Moustapha, n. d'homme.

صِلَـةً , وَصَلْ

Sila, voir *ousol* et ses dérivés.

صَلَبْ || صَلَّبْ

S'leb, (ao. *i*), et *selleb* 2ᵉ f. crucifier.

صَلْبْ

Selb, crucifiement.

مَصْلُوبْ

Mesloub, part. pass. crucifié.

صَلَحْ || أَصْلَحْ || إِنْصَلَحْ

S'lah, (ao. *a*), être en bon état, convenir. || *'Slah*, 4ᵉ f.

arranger, mettre en état. ‖ *Ens'lah*, 7ᵉ f. s'arranger, se mettre en bon état, être réparé.

صُلْح

Sol'h, paix.

صَلَاح

S'lah, profit, bon état, convenance.

صَالِحٌ ‖ ٱلْفَقِيهُ صَالِحٌ

Sâlah, part. act. sain, intègre, pieux, juste. ‖ *El faqyh Sâlah*, nom d'homme.

إِصْلَاح

Islâh, nom d'act. 4ᵉ f. arrangement, réparation, action de mettre en bon état.

صَلْدٌ

Sold, (inus.), dur, résistant.

صَلَّى

Solla, v. déf. 2ᵉ f. prier, bénir.

صَلَاةٌ

Salá, prière.

مُصَلَّى

M'solla, lieu où l'on prie, temple, chapelle.

صَنَعَ

S'na, (ao. *a*), fabriquer, faire.

صَنْعَة

S'naa, fabrication, manière de faire, œuvre.

صَنِيعٌ

S'nya, fait, œüvre, travail, bienfait.

صِنَاعَةٌ

S'nâa, métier, art, industrie.

أَصْنَافٌ ، صنف

'S'nâf, plur. de *s'nef*, diversités, genres, espèces.

صِهْرٌ

S'har, gendre, beau-père, parent, par alliance.

أَصَابَ

'Sâb, (ao. *i*), v. conc. 4ᵉ f. atteindre, trouver.

أَصِيبَ ‖ هَـذَا ٱلْغُـلَامُ فَـدْ أَصِيبَ

Ousïba, (litt. voix pass.), être atteint. ‖ *Had' el rolám qad ousïba*, (litt.), cet enfant est atteint (de folie).

صَوَابٌ

Souáb, réussite, succès.

أَصْوَبُ ، صَآئِبُ

9.

Aṣouab, (litt.), comparatif de *ṣáyb*, mieux dirigé, plus direct, très-direct.

مُصَابٌ ، [مصيبة]

M'ṣâb, [Alg. *m'ṣyba*], infortune, revers, désastre.

مُصِيبَةٌ ، [مَصَائِبُ]

M'ṣyba, (plur. *m'ṣáyb*), accident fâcheux, revers.

صَوْتٌ ، أَصْوَاتٌ

Ṣout, pl. *aṣouát*, voix, cri.

صُورَةٌ ، صُوَرٌ

Ṣoura, pl. *ṣouer*, forme, figure, portrait.

صَاغ

Ṣâr, (ao. *a*), v. conc. former, produire.

صِيَاغَةٌ

Syára, orfévrerie, fabrication, joaillerie.

صُوف

Ṣouf, laine.

صَاح

Ṣah, (aor. *i*), v. conc. crier.

صَاد ، إصْطَاد

Ṣad et *'ṣtâd*, 8e f. chasser.

صَيَّدَ ، [صيادة]

Ṣyd, [Alg. *ṣyáda*], chasse, gibier et animaux pris en chasse.

صَيَّادَ

Ṣyyád, n. de mét. chasseur, pêcheur.

صِيَادَةٌ

Syáda, chasse, gibier pris en chasse; pêche.

صَارَ

Ṣar, (ao. *i*), v. conc. devenir.

صَيْف

Syf, été.

ض

ضَحِك ‖ أَضْحَك

D'hak, (aor. *a*), rire. ‖ *D'hak*, 4e f. faire rire.

ضَحْوَةٌ

ضَجَى ‖ أَدْجَعَ

D'dja, (ao. *a*), se coucher sur le côté, se renverser. ‖ *'Dja*, 4e f. renverser, étendre par terre.

D'haoua, le moment du jour après le lever du soleil.

ضَوّ

Dorr, (ao. *o*), nuire, faire mal. L. D.

ضَرُورَة

D'roura, préjudice, nécessité, perte.

ضَرَائِرُ, ضَرَّة

D'ráyr, (litt.), pl. de *darra*, co-épouse.

ضَرَب

D'rob, (ao. *i*), frapper.

ضَرِبَة

Dorba, nom d'un. action de frapper une fois, coup.

ضَرَط, [حزف]

D'rot, (ao. *o*), [Alg. *h'zoq*], lâcher des vents, péter.

ضَعَف

D'af, (ao. *o*), être faible, malade, pauvre.

ضَعْف

Daf, faiblesse, pauvreté, maladie.

ضَعِيف, ضَعْفَاء

Dayf, pl. *daafá'*, faible, malade, chétif.

أَضْغَاثُ ‖ أَضْغَاثُ أَحْلَام

Adráts, (litt.), s. pl. choses confuses. ‖ *Adráts 'halám*, songes confus, visions absurdes.

ضَلّ

Doll, (ao. *i*), errer, être égaré, perdu.

ضَالّ ‖ كَانَ ضَالًّا وَوُجِدَ

Dáll, part. act. égaré, perdu. ‖ *Kána dallan oua oudjida*, (litt.), il était perdu et il est retrouvé.

ضَمّ ‖ ضَمَّهُ الَى صَدْرِهِ

Domm, (ao. *o*), attirer en pressant l'un contre l'autre. ‖ *Dommhou ila sod'rhou*, il le pressa sur sa poitrine.

ضَمِن ‖ ضَمَّن

D'men, (aor. *a*), être garant. ‖ *Dommen*, rendre garant, *Dámen* garant.

مَضْمُون ضَامِن

Medmoun, argument d'un livre, contenu d'une lettre.

ضَاعَ ‖ أَضَاعَ

Dáa, (ao. *i*), dérpéri, se perdre, se répandre. ‖ *'Dãa*, 4ᵉ f. faire périr, perdre.

ضَيْفٌ || أَضْيَافٌ

Ḍyf, plur. *'ḍyâf*, convive, hôte.

ضِيَافَةٌ

Ḍyafa, hospitalité.

ضَافَ || ضَيَّفَ || ضَافَ مَا بِيدِهِ

Ḍâq, (aor. *i*), être étroit, gêné. || *Ḍyyoq*, rendre étroit, resserrer. || *Ḍâq mâ b'yd-dhou*, il tombe dans la gêne.

ضَيِّقْ

Ḍ'yq, gêne, étroitesse, affliction.

ط

طَاطَا

Ṭaṭa, (ao. *a*), se baisser.

طِبْ , طَابَ

Ṭib, impér. 2ᵉ p. masc. sing. de *ṭâb*, v. conc.

طَبَخْ

Ṭ'bok, (aor. *o, a*), faire cuire, cuisiner.

طَبَّاخْ

Ṭobbâk, nom de mét. pl. rég. cuisinier.

طَبْعْ

Ṭ'ba, caractère, cachet, espèce, sorte.

طَابِعٌ , طَوَابِعْ

Ṭába, pl. *ṭouába*, sceau, cachet.

طَبَقْ , أَطْبَاقْ

Ṭ'boq, pl. *'ṭ'bâq*, panier, portefeuille de vitrier, fermeture.

طَبَقَةٌ , طَبَقَاتْ

Ṭobqa, pl. *ṭobqât*, rang, classe, ordre.

طَحَنْ

Ṭaḥḥan, 2ᵉ f. faire tourner la meule. (Alg. tromper un mari.)

طَحِينْ

Ṭaḥyn, rouleau à égrener le blé, meule.

طَرَحْ

Ṭ'raḥ, (aor. *a*), jeter à terre.

مَطْرُوحْ

Moṭrouḥ, part. pass. jeté

à terre, renversé, étendu à terre.

طَرَدَ , [طَرَّدَ] || طَارد

T'rod, (ao. *a*), [Alg. *ter-rod*, 2ᵉ f.], repousser. || *Tá-red*, 3ᵉ f. combattre.

طَرَفٌ , أَطْرَافٌ

Torf, plur. *'tráf*, bord, marge, morceau.

أَطْرَفَ

'Traq, 4ᵉ f. (litt.), baisser la tête, fixer les regards sur la terre.

طَارِفٌ || طَارِفُ بْنِ زِيَادٍ

Táreq, nom d'homme. || *Táreq ben zyád*, nom d'homme.

طَرِيقٌ , طُرُقٌ , طُرُفَاتٌ , أَطْرِفَةٌ , [طرفان]

T'req, pl. *t'rouq*, *torqát*, *'torqa*, [Alg. plur. *torqán*], route, chemin.

طَعِمَ || أَطْعَمَ

T'am, manger. || *'Tam*, 4ᵉ f. donner à manger, nourrir.

طَعَامٌ

Taám, nourriture, mets.

طِفْلٌ , أَطْفَالٌ

T'fol, pl. *'tfál*, jeune garçon.

طِفْلَةٌ , طِفْلَاتٌ

Tofla, plur. *toflát*, jeune fille.

طَلَبَ

T'lob, (ao. *o*), demander, chercher, poursuivre.

طَلَبٌ

'T'lob, recherche, poursuite.

طَالِبٌ , طَلَبَةٌ || أَبُو طَالِبٍ

Táleb, pl. *tolba*, étudiant, tâleb, personnage instruit. || *Abou táleb*, n. d'homme.

مَطْلُوبٌ

Motloub, part. pass. demandé, ce qui est demandé.

مُطَّلِبٌ

Mottalib, nom d'homme.

مَطْلَبٌ , مَطَالِبُ

Metlob, pl. *m'táleb*, désir, souhait.

طِلَسَمٌ , طَلَاسِمٌ

Tolsem, pl. *t'lásem*, talisman.

طَلَعَ

T'la, (ao. *a*), monter.

طَلَقَ ‖ طَلَّقَ

T'loq, (ao. *o*), être répu-
diée *Id.* (ao. *i*), quitter
place. ‖ *Telloq*. 2ᵉ f. répu-
dier.

طَلْيَانِى

Talyány, (langue franq.),
Italien.

طَمَعَ

T'ma, ambitionner, dé-
sirer.

طَمَع

T'ma, ambition, désir.

طَهَّرَ , أَطْهَرَ

Tahhar, 2ᵉ f. et *'thar*, 4ᵉ
f. purifier, sanctifier.

نَطْهِير

Tot'hyr, n. d'act. 2ᵉ f.
purification, sanctification.

طَاحَ

Táh, (ao. *i*), tomber.

طَاسَةً

Tása, écuelle, tasse.

طَاعَ ‖ اَسْتَطَاعَ , اَنْطَاعَ

Táa, (ao. *o*), obéir. ‖ *Est'-
táa*, 10ᵉ f. et *estáa*, (ao. *i*),
obéir, pouvoir faire, être
capable de, se tirer de.

طَاعَةً

Táa, obéissance.

طَافَ

Táf, (ao. *o*), parcourir,
visiter, faire le tour.

طَوْفٌ

Touf, suite, cortége, en-
tourage.

طَاَئِفَةً

Táyfa, société, réunion,
compagnie, secte.

طَالَ ‖ أَطَالَ

Tál, (ao. *o*), être long, du-
rer. ‖ *Atál*, 4ᵉ f. rendre
long, faire durer.

طُولَ

Toul, longueur, durée.

طَوِيَّةً

Touyya, idée, pensée, des-
sein.

طَابَ ‖ طِبْ نَفْسَكَ

Táb, (ao. *i*), v. conc. être
en bon état, mûr, content.
‖ *Tib nefsek*, rassure-toi,
sois content.

طَيْرٌ , طُيُورٌ

Tyr, coll. plur. *tyour*, oi-
seau.

ظ

أَظَلَّ , [ظَلَّل]

'Doll, 4ᵉ f. (Alg. dollol), ombrager, faire ombre.

ظَلَمَ

D'lom, (ao. i), être injuste, commettre l'injustice. C. D.

ظُلْم

Dolm, injustice.

مَظْلُومٌ

Modloum, part. pass. opprimé, victime de l'injustice.

ظَنَّ

Donn, (ao. o), penser.

ظَنٌّ , ظُنُونٌ

Donn, pl. d'noun, pensée, opinion.

ظَهَرَ ‖ أَظْهَرَ

D'har, (ao. a), paraître, se manifester. ‖ 'Dhar, 4ᵉ f. faire paraître, manifester.

ظَهَرٌ ‖ ظُهُورٌ

Dah'r, pl. d'hour, dos.

ظُهْرٌ

Doh'r, l'heure qui suit midi, prière de l'après-midi.

ظَاهِرٌ

Dáhar, part. act. apparent, manifeste, brillant.

ع

عاص

Aás, Aas, nom d'homme.

عَبَدَ

Abed, (aor. o), adorer, servir (Dieu).

عَبْدٌ , عِبَادٌ , عَبِيدٌ

Abd, plur. abad et abyd, serviteur.

عَبْدُ اللهِ ‖ عَبْدُ البَارِى ‖ عَبْدُ المُطَّلَب

Abd allah. ‖ Abd el báry. ‖ Abd el mottalib, n. d'hommes.

عَابِدٌ

Aábed, part. act. adorant, servant Dieu.

عِبَادَةٌ

Abâda, servitude, escla-
vage.

عُبَيْدَةُ

Aubeyda, Obyda, nom
d'homme.

عُبُودِيَّةٌ

Aboudyya, servitude, es-
clavage.

عَابِرٌ

Aâber, part. act. passant,
voyageant.

عَبَّاسُ ‖ بنو عَبَّاس ، بـنـى
عَبَّاس

Abbás, nom d'homme. ‖
B'nou abbás, gén. et acc.
b'ny abbas, Abbassides, des-
cendant d'Abbas.

عُتْبَةُ

Autba, Otba, n. d'homme.

عَتِيقٌ ، عِتَاقٌ

Atyq, pl. *atáq*, (litt.), gé-
néreux, antique.

عُتْمَان

Autmán, Othman, nom
d'homme.

عَجِبَ ‖ اعْجَبَ ‖ تَعَجَّبَ

Adjeb, admirer, être é-
tonné. ‖ *'Adjeb*, 4ᵉ f. plaire.
‖ *T'adjdjeb*, s'émerveiller.

عَجِبًا ، عَجَبُ

Adjban, acc. litt. de *adjeb*
pris adv. d'un air surpris,
avec étonnement.

عَجِيبٌ ، عَجَائِبُ

Adjyb, pl. *adjáyb*, mer-
veilleux, étonnant; — pris
subst. merveille.

عَجَائِبُ ، عَجِيبٌ

Adjáyb, pl. de *adjyb*, mer-
veilles.

مُتَعَجِّبٌ

M'tadjdjeb, part. act. 5ᵉ
f. étonné, émerveillé.

عَجْزٌ

Adjez, impuissance, débi-
lité, paresse.

عَجُوزَةٌ ، عَجَائِزُ

Adjouza, pl. *adjáyz*, vieille
femme.

مُعْجِزَةٌ ، مُعْجِزَاتٌ

M'adj'za, plur. *m'adj'zát*,
miracle.

عَجِلَ

Adjel, (ao. *a*), se hâter.

عَجَلٌ

Adjel, hâte.

عِجْلٌ ، عِجَالٌ ، عُجُولٌ

Adjel, pl. *adjál* et *adjoul*,
veau.

عُدّ ، عَادَ

Aoud, impér. 2ᵉ p. sing. masc. de *add*, v. conc.

عُدّ || اَسْتَعَدّ

Add, compter. || *Estadd*, 10ᵉ f. apprêter, se préparer.

عُدَّة

Adda, nombre, quantité.

عَدَل

Adel, (ao. *i*), administrer avec justice, être équivalent.

عَدْل

'*Adel*, justice, équité.

عَادِل || عُدُول

'*Addel*, juste. || *Id.* plur. *adoul*, adel, greffier, assesseur du cadi.

مَعْدِنٌ ، مَعَادِنٌ

M'aden, pl. *maáden*, mine, minerai.

عَدُوّ ، أَعْدَاءٌ ، [عديان]

Adou, plur. '*adá*', [Alg. *adyán*], ennemi.

عَدَاوَة

Adáoua, inimitié.

عَذَاب

Adáb, peine, châtiment.

عَذَر

Ader, (ao. *i*), excuser, circoncire.

عُذْر

Ad'r, excuse, succès, prétexte.

إِعْذَارُ ـ أَهْلُ اَلْإِعْذَارِ

Iadár, (litt.), n. d'act. 4ᵉ f. circoncision, excuse, bon accueil. — *Ah'l el iadár*, le peuple circoncis.

عَرَبُ

Arab, Arabes, peuple arabe.

عَرَبِيّ ـ اَلْعَرَبِيَّة

Arby, adj. rel. arabe. — *El arbyya*, la langue arabe.

أَعْرَابِيّ

Aráby, adj. rel. même sens que le mot précédent.

عُرْسٌ ، أَعْرَاسٌ

Ars, pl. '*arás*, noce.

عَرُوسٌ ، عَرَائِسٌ ـ عروسة

Arous, masc. et fém. pl. *aráys*, [fém. vulg. *arousa*], fiancé, fiancée.

عَرِيس ، عروس

Arys, même signif. que *arous*.

غَرِيش

Arych, tonnelle, cabane de feuillage. [Alg. treille de vigne].

عَرَضْ

Arad, (ao. *i*), proposer, inviter, exposer, avoir lieu.

عِرْضْ

Ard, honneur, dignité.

مَعْرُوضْ

Mároud, part. pass. proposé, exposé, invité.

عَرَفَ ‖ عَرَّفَ ‖ إِعْتَرَفَ

Araf, (ao. *i*), savoir, connaître. ‖ *Arraf*, instruire, faire savoir. ‖ *A'traf*, 4ᵉ f. reconnaître, avouer.

مُعْتَرِفْ

Moatraf, part. act. 8ᵉ f. avouant, reconnaissant.

مَعْرُوفْ

Marouf, part. pass. reconnu, connu.

مَعْرِفَةْ

M'arfa, connaissance, intelligence.

عِرَاقْ

Airák, s. fém. Irak, nom de contrée.

عَزّ

Azz (ao. *i*), être rare, précieux, honoré, dur, véhément, fort.

عَزِيزٌ ، عَزَازٌ

Azyz, pl. *azáz*, rare, précieux, chéri, favori.

أَعَزّ ، عَزِيزٌ

Aázz, compar. et superl. de *azyz*.

عَزَمْ

Azem, (ao. *i*), se proposer, avoir l'intention de.

عَسْكَرْ ، عَسَاكِرْ

Asker, pl. *asáker*, armée, troupes.

عَسَلْ

Asel, s. masc. et fém. miel.

عَشَرَةْ ، عَشَرْ

Ach'ra, fém. *acher*, dix.

عِشْرُونْ ، عِشْرِينْ

Ach'roun, génit. et accus. *ach'ryn*, (le langage n'admet que la forme *ach'ryn*), vingt.

عِصَابَةْ

Asába, bandelette, diadème, troupe peu nombreuse, poignée d'hommes.

عَصْرُ ، [زمان]

Aṣ'r, [Alg. *zmân*], temps.

عَصًا , عَصِى

Asa, s. fém. pl. *ausy*, bâ-
ton.

مَعْصِيَة , مَعَاصِى

M'aṣya, pl. *m'aâsy*, ré-
bellion, désobéissance, pé-
ché.

مَعْضِلَة , مَعْضِلَاتٌ

M'aḍ'la, (litt.) pl. *m'aḍ'-
lât*, difficulté, chose fâcheu-
se.

عِطْرِيَة , عِطْرِيَّاتٌ

Atryya, pl. *atryyât*, dro-
gue.

عَطَشٌ

Atech, (ao. *a*), avoir soif.

عَطَشٌ

Atech, soif.

عَطْشَانٌ

Atchân, altéré, qui a soif.

إِسْتَعْطَفَ , [حلل]

Est'atof, 10ᵉ f. [Alg. *hal-
lel*], supplier, se concilier.

أَعْطَى ǁ أَعْطِيتَ

'Ata, v. déf. 4ᵉ f. donner
2 c. o. ǁ *Ouatyta*, (litt.),
prét. 2ᵉ p. sing. masc. de la
voix passive.

عَطَاءٌ , عَطِيَّة

Atâ et *atyya*, don.

عَظَّمَ

Aḍḍòm, 2ᵉ f. glorifier, ho-
norer, proclamer grand.

مُعَظَّمٌ

Moaddom, part. pass. 2ᵉ f.
glorifié, honoré, réputé
grand.

عَظِيمٌ , عِظَامٌ

Aḍym, pl. *aḍâm*, grand,
magnifique, somptueux.

تَعْظِيمٌ

Taḍym, nom d'act. 2ᵉ f.
glorification, respect, hon-
neur, grandeur.

عَفِيفٌ ǁ أَعَفّ

Afyf, chaste, modéré. ǁ
Aaff, compar. et superl. de
afyf.

عَفْوٌ

Afou, pardon.

عَافِيَة

Aâfya, salut, santé, cal-
me, tranquillité.

مُعَافًا , [صحيح]

Mouâfan, (litt.) part. pass.
3ᵉ f. [Alg. *schyh*], sain et
sauf, sauvé.

عَقَبَ || تَعَافَبَ

Aqob, être derrière, venir après. || *T'aâqob*, 6ᵉ f. monter tour à tour, se porter en croupe, se succéder.

عُقُوبَة

Aqouba, punition, supplice.

إعْتَقَدَ , [ظَن]

'At'qod, [Alg. *denn*], penser, se figurer, se persuader.

عَقَرَ

Aqor, (ao. *i*), couper le jarret.

عَقْل

Aqol, intelligence, prudence, raison.

عَاقِلُ , عَقَّالُ

Aâqol, pl. *aqqâl*, intelligent, sage, prudent.

عَلَفَ , أَعْلَفَ || إعْتَلَفَ

Allef, 2ᵉ f. et *'alef*, 4ᵉ f. donner pâture à. || *'Atlef*, 8ᵉ f. se nourrir de, avoir pour pâture.

عَلَفُ

Al'f, pâture.

مَعْلَفُ , مَعَالِفُ

Malef, pl. *m'aâlef*, crèche, ratelier, sac à pâture.

مَعْلُوفُ

Malouf, part. pass. qui a bonne pâture, bien nourri, gras.

عَلَّقَ || تَعَلَّقَ

Alloq, 2ᵉ f. suspendre. || *Talloq*, 5ᵉ f. se suspendre, s'éprendre d'amour.

مُعَلَّقُ

Malloq, part. pass. 2ᵉ f. suspendu.

عَلِمَ || عَلَّمَ || تَعَلَّمَ

Alem, (ao. *a*), savoir. || *Allem* 2ᵉ f. enseigner, faire savoir. || *T'allem*, 2ᵉ f. apprendre.

عِلْمُ , عُلُومُ

Alm, pl. *auloum*, savoir, scieuce.

عَالَمُ || رَبّ العَالَمِين

A'lam, pl. rég. monde. || *Rebb el aâ'lamyn*, souverain des mondes.

عَالِمُ , عُلَمَاء

Aâlem, plur. *aulamâ'*, savant.

عَلَامَة

Alâma, signe, signal, étendard.

عَلَامَة

Allâma, adj. d'intens. masc. très-savant, savantissime.

عَلَا ‖ تَعَالَى ، تَعلى

Ala, (aor. *a*), v. déf. être élevé. ‖ *T'aâla*, 6ᵉ f. et *t'ala*, être élevé.

تَعَالَى ، عَلَا

Taala, 6ᵉ f. de *ala*, pris déprécativement, qu'il soit exalté!

عَلَى

Ala et *aly*, devant un affixe, prép. sur, contre, audessus, à, pour.

عَلِّى ‖ أَعْلَى

Aly, haut, élevé. ‖ *'Ala*, compar. de *aly*.

عَلِّى ‖ عَلِّى بجنين

'Aly, Aly, nom d'homme. ‖ *Aly boudjnyn*, Aly boudjnyn, nom d'une mosquée d'Alger.

عَمّ

Amm, (ao. *o*), être commun à, être général à. C. D.

عُمُوم

A'moum, action d'embrasser, état commun à, généralité.

عِمَامَةٌ ، عَمَآئِمٌ

Amâma, plur. *amâym*, bandeau, turban, diadème.

عَمُودٌ ، أَعْمِدَةٌ ‖ عَمُودَانِ ،
عَمُودَيْنِ

Amoud, pl. *'am'da*, pilier, pilastre. ‖ *Amoudân* et *amoudern*, duel de *amoud*.

عُمُرٌ

Amer, âge, vie.

عَامِرٌ

Aâmer, Amer, n. d'homme.

عَمْرو

Amrou, Amrou, nom d'homme.

عِمَارَةٌ

Amâra, édification, construction.

عَمِلَ

Amel, (ao. *a*), faire.

عَمَلٌ ، أَعْمَالٌ

Amel, pl. *'amâl*, œuvre, action.

عَمِى ، أَعْمَى

Amma, 2ᵉ f. et *'ama*, 4ᵉ f. v. déf. aveugler.

عَنْ ‖ عن إذن

An, prép. en dehors de, d'après, selon, à l'exclusion de. || *An iden*, de la part de, avec l'agrément de.

عِنَان

Anân, bride, rêne.

عِنْد

And, prép. chez, auprès de.

عَنَّفَ , إِعْتَنَفَ

Annoq, 2ᵉ f. et 'atnoq, 8ᵉ f. embrasser, se jeter au cou de.

عُنُق , أَعْنَاف

Anq, pl. 'anâq, cou.

عُنْوَان

Anouan, mettre l'adresse d'une lettre, l'en-tête d'un ouvrage.

عَنَى , يَعْنِى

Ana, (ao. i), v. déf. signifier. || *Yany*, c'est-à-dire, (cela) signifie.

عَهِدَ || تَعَهَّدَ

Ahad, (aor. a), stipuler, faire un pacte, observer, éprouver. || *Tahhad*, 5ᵉ f. soigner, visiter.

عَهْد

Ah'd, pacte, alliance, testament, mandement.

عَاد || أَعَاد

Aâd, (aor. o), retourner, répéter. || *'Aâd*, 4ᵉ f. faire retourner, rétablir.

عُود || عَوَّد

Aoud, bois. || *Aoud*, cheval, (Alg.), n. d'act. retour.

عَادَة

Aâda, habitude, coutume.

إِعَادَة

Iââda, (litt.), action de ramener, de répéter, de rétablir.

عِوَض

Aoued, échange, ce qui tient la place d'autre chose.

مِعْوَل , مَعَاوِل

Maoul, pl. maâoul, nom d'inst. pioche.

عَوَّام

Aouâm, nom d'homme.

عَاوَن , أَعَان || إِسْتَعَان

Aâoun, 3ᵉ f. et 'aân, 4ᵉ f. secourir. || *Estaân*, 10ᵉ f. demander secours.

عَوْن

Aoun, secours, aide, sergent du tribunal.

عَيْب

Ayb, vice, défaut.

عِيرٌ، [فَاعِلَةٌ]

Ayr, (Alg. *gâfla*), caravane de chameaux.

عِيسَى

Aysa, Aïssa, n. d'homme.

عَاشَ

Aâch, (ao. *i*), vivre.

عَيْشٌ

Aych, vie.

عَائِشَةُ

Aycha, Aïcha, nom de femme.

مَعَاشٌ

M'aâch, vivres, vie.

مَعِيشَةٌ

Maycha, vivres, vie.

عِيَالٌ

Ayâl, s. pl. famille.

عَيَّنَ ‖ تَعَيَّنَ

Ayyen, v. conc. 2ᵉ f. indiquer. ‖ *Tayyen*, 5ᵉ f. se montrer, se manifester.

عَيْنٌ ‖ عَيْنَيْهَا

Ayn, s. masc. et fém. (vulg. fém.) œil. ‖ *Aynyha*, les deux yeux d'elle.

عَيْنٌ، عُيُونٌ

Ayn, pl. *ayoun*, s. masc. et fém. source, fontaine.

غ

غُبَارٌ

R'bâr, poussière.

غُبْرَةٌ

Robra, poussière.

غَبْنٌ

R'ben, souci, chagrin.

غَدٌ، غدوة

Rad, [Alg. *r'doua*], demain, (le) lendemain.

غَدَاءٌ

R'dâ, nourriture du matin, déjeuner.

غُرَّةٌ

Rorra, apparition de la lune, commencement.

غَرْبٌ

Rorb, occident.

غَرِيبٌ، غُرَبَاءُ

R'ry·b, pl. *r'rabá*, étranger.

غَرْبِى

Rorby, adj. rel. occidental, qui est au couchant.

مَغْرَب

Morreb, (nom de lieu), occident.

مُغَرْبَلْ , غَرْبَلْ

M'rarbel, part. pass. de *rorbel*, criblé, passé au crible, vanné.

غَرِض

R'rod, (ao. *a*), regretter, désirer.

غَرَض

Rord, intention, but, désir.

غَرِيمْ

R'rym, débiteur et créancier, vulgairement, qui est dupé.

غَزَّة

Razza, Gaza, ville de Palestine.

غَزَلْ

R'zel, (ao. *i*), filer.

غَزَلْ

Roz'l, écheveau, ce qui est filé.

غَزَالَة

R'zâla, gazelle femelle.

غَزْوَة , [غَزِية]

R'zoua, [Alg. *r'zya*], expédition militaire, combat, razia.

غَسَلْ

R'sel, (ao. *i*), laver.

غَشّ

Rechch, (ao. *o*), frauder, duper.

مَغْشُوشْ

Merchouch, part. pass. sophistiqué, mélangé, objet de fraude.

غَشْت

Rocht, août (du latin) Augustus.

غَضِبْ

R'dob, (ao. *a*), être irrité, être en colère.

غَضَبْ

R'dob, colère, irritation, ressentiment.

غَلِيطْ

R'tyt, ronflement.

غَبَّرْ || اِسْتَغْبَرْ

R'fer, (ao. *i*), couvrir, pardonner. || *Est'rfer*, 10e f. implorer le pardon de.

مَغْفِرَةٌ

M'rafra, pardon.

غَافِلٌ

Ráfel, part. act. négligent, distrait.

غَفْلَةٌ

Rofla, négligence, inattention, soudaineté.

مُغَفَّلٌ

M'roffel, distrait, niais, imbécille.

غَلَبَ ، غَالَبَ

R'leb (ao. *i*), et *ráleb*, 3e f. vaincre, l'emporter.

غَالِبٌ

Ráleb, part. act. vainquant, l'emportant, supérieur, victorieux.

غَلُظَ || نَغْلَظَ

R'lod, (ao. *o, i*), grossir, devenir robuste. || *T'rollod*, 5e f. être dur, résistant.

غُلَامٌ ، غِلْمَانٌ غِلْمَة

R'lâm, pl. *rilmán*, et *rilma* jeune esclave, jeune garçon.

غَمّ

Romm, chagrin, inquiétude.

مَغْمُورٌ

Mermour, part. pass. accablé, abattu, affligé.

تَغَامَزَ

T'rámez, 6e f. se lancer des clins d'œil.

غَنِمَ

R'nem, (ao. *a*), piller, faire butin.

غَنِيمَةٌ

R'nyma, butin, pillage.

أَغْنَى

'Rna, 4e f. v. déf. enrichir.

غَانِى ، أَغْنِيَاءٌ

Rány, (déterm.), plur. *'rnyâ*, riche.

غِنًى

R'na, richesse.

مُغَنِّيَةٌ ، مَغَانِى

M'ranya, plur. *m'rany*, chanteuse.

مَغَانِى

M'rány, s. pl. chansons.

غَارُ غِيرَانٌ

Rár, pl. *ryrán*, caverne.

غَاب

Ráb, (ao. *i*), v. conc. s'absenter, être absent.

غَيْبَة

Ryba, absence.

غَارَ ‖ غَيْرَ ‖ تَغَيَّرَ

Rár, (ao. *i*), jalouser, envier. ‖ *Ryyer*, changer, altérer. ‖ *T'ryyer*, 5ᵉ f. se changer, s'altérer.

غَيَّرَ ـ غَيْرُ ـ غَيْرِكَ , غَيْرة

Rér, différence, permutation. — *Rer*, prép. excepté. — *Rerek*, autre que toi, autrui par rapport à toi, *Rerhou*, autre que lui, etc,

و

ف , [و]

Fa, [Alg. *ou*], conj. inséparable, et, or, donc.

فَتَحَ ‖ فَتَّحَ

F'tah, (ao. *a*), ouvrir, donner la victoire, prendre d'assaut. ‖ *Foutiha*, (voix passive).

فَتْح

Fat'h, victoire, prise d'assaut.

مَفْتُوح

Meftouh, part. pass. ouvert, pris d'assaut.

فَتَّش

Fettech, 2ᵉ f. chercher avec soin, fouiller.

تَفْتِيش

Teftych, nom d'act. 2ᵉ f. recherche, perquisition.

إِفْتَتَن

Eft'ten, 8ᵉ f. (litt.), être troublé, séduit, épris.

أَفْتَى

Efta, 4ᵉ f. v. déf. donner des consultations juridiques.

مُفْتِى

Moufty, (déterm.) mufti, chef de la religion, qui donne des consultations juridiques.

فَجَرَ

F'djer, (ao. *o*), commettre l'impureté, l'adultère.

فَاجِرُ , فَاجِرَة

Fádjer, fém. *fadj'ra*, qui commet l'impureté.

فَحَصَ

F'has, (ao. *a*), faire des investigations, rechercher.

تَفْحِيص

Tef'hys, nom d'act. 2ᵉ f. investigation, recherche.

فَخَر ‖ إِفْتَخَر

F'kar, (ao. *a*), et *Eft'kar*, 8ᵉ f. s'enorgueillir, être vain.

فَخَر

Fak'r, gloire, orgueil, vanité.

فَاخِرٌ ، فُخَّارٌ

Fáker, plur. *fekkár*, glorieux, vantard, somptueux.

أَفْخَرُ ، فَاخِرُ

Afkar, compar. et superl. de *fáker*.

فَدَعَتْ ، وَ ، دَعَتْ ـ دَعَى

Fadaat, composé de *fa* et de *daat*, 3ᵉ p. sing. fém. du prétérit de *daa*.

فَرّ

Ferr, (ao. *i*), fuir.

فَرَاهُمْ ، فَ ، رَا ـ رَأَى ـ هُمْ

Farahoum, composé de *fa* conj. — *ra* pour *r'a* v. h. et déf. *houm* pron. et il les vit.

فُرْجَة

Ferdja, récréation, distraction.

فَرَّد

F'red, être préparé pour un seul, être à part.

فُرَيْدَة

F'ryda, sorte de poignard Cabyle.

فُرَسٌ ، [فرسة]

F'res, s. masc. et fém. cheval, jument. [A Alg. jument se dit *fersa*.]

فَارِسٌ ، فُرْسَان

Fáres, pl. *fersán*, cavalier.

فِرَاشٌ ، فُرُوشٌ ، [فراشات]

F'rách, plur. *f'rouch* [Alg. pl. *f'ráchát*]. lit, tapis de sol.

فِرَانْك

Frank, un franc (monnaie).

فَرَغ ‖ إِسْتَفْرَغ

F'rar, être vide, évacuer. ‖ *Est'frar*, rendre vain, s'occuper exclusivement de, donner son temps à.

فَارِغٌ ، فَارِغَة

Fárer, fém. *fárra*, vide.

فَرَق ‖ فَارَق

F'roq, (ao. *o*), séparer,

mettre séparation. || *Fároq*, 3ᵉ f. quitter, C. D.

قَرْنْسِيسْ || قَرْنْسِيسَةْ

Fransys, fém. *fransysa*, Français.

قَرَانْسَةْ

Fransa, la France.

قَرَانْصَاوِىّ

Fransáouy, Français.

فَسَّرَ || إِسْتَنْبَسَرَ

Fesser, 2ᵉ f. expliquer. || *Est'fser*, 10ᵉ f. chercher l'explication, se faire expliquer.

فِسْقِيَّةْ

Fesqyya, bassin, réservoir d'eau.

فِسْيَانْ , وِسِيَانَاتْ

F'syân, pl. *f'syânât*, officier d'armée.

مُفَصَّصْ

M'foddod, part. passé, 2ᵉ f. brodé d'argent, argenté.

قَصِرْتْ , فَ , صِرْتْ

Faṣirt, composé de *fa* et *ṣirt*, et je devins.

قَصُوحْ

F'douh, honte, opprobre.

قَصِيحَةْ

F'dyha, chose honteuse, ignominie, opprobre.

فَضَلْ

F'dol, (ao. *o*), être superflu, être à l'excès, l'emporter.

فَضْلْ || فَضَلْ

Fad'l, excès, vertu, excellence, superfluité. — *Id.* *Fadel*, nom d'homme.

فَاضِلْ

Fádel, vertueux, excellent, qui surabonde.

فَضُولْ

F'doul, superfluité, curiosité.

فَضَائِلْ , فَضِيلَةْ

F'dáyl, plur. de *f'dyla*, bienfaits, belles qualités.

تَفَضَّلَاتْ , تَفَضَّلْ

T'faddoulât, pl. de *t'faddoul*, nom d'act. 5ᵉ f. complaisances.

قَطُورْ

F'tour, déjeuner, rupture de jeûne.

وَطْنَة

Fetna, présence d'esprit, perspicacité.

فَعَلَ

F'al, (ao. *a*), faire, agir.

فَعَلَ , أَفْعَالَ

F'al, plur. *'faál*, action, acte, manière d'agir.

فَقَرَ ‖ إِفْتَقَرَ

F'qor, (aor. *o*), être pauvre. ‖ *Eft'qor*, 8ᵉ f. devenir pauvre.

فَقْرَ

Fòq'r, pauvreté.

فَقِيرَ , فُقَرَآءَ

F'qyr, pl. *f'qará'*, pauvre.

فَقِيهَ , فُقَهَاءَ ‖ آلْفَقِيهَ صَالِحَ

Faqyh, pl. *f'qahá'*, sage, docteur, jurisconsulte. ‖ *El-faqyh Salah*, n. d'homme.

فَكَّ

Fekk, (aor. *o*), détacher, rompre.

فَكَرَ , تَفَكَّرَ

F'ker, (ao. *a*), et *t'fekker*, 5ᵉ f. penser, se souvenir.

Met'fekker, part. act. 5ᵉ f. se souvenant, pensif.

فَلِذَلِكَ , [وهكذا]

Falidalik, [Alg. *ouhakda*], et pour cela, et ainsi, donc.

فَلْسُ , فُلُوسُ

Fels, pl. *f'lous*, monnaie de cuivre valant un liard. (A Alg. le pl. *f'lous* signifie petite monnaie en général.]

فِلَسْطُونُ , فِلَسْطِينُ

Filastoun et *Filastyn*, la Palestine.

فِلَسْطَانِى

F'lastány, adj. rel. Palestinien, Philistin.

فَلَقَ , فَلَّقَ

F'loq, (aor. *i*), et *felloq*, 2ᵉ f. fendre, diviser.

فَلَقَدْ — فَ — لَ — قَدْ

Falaqad, composé de *fa*, – *la*, – *qad*, et certes déjà.

فَلَمْ , فَ , لَمْ

Falam, composé de *fa* et de *lam*, négation.

فُلَانُ

F'lán, un tel, un certain.

فَلَيَسْتَفِدْ , فَ — لَ — يَسْتَفِدْ مُتَفِكَّرَ

Falaiest'qadd, composé de *fa*, – *la*, – et *yest'qadd*.

قُمُّ ، [فمّ] ، أَقْوَاهُ ، [اقوام]

Fom, [Alg. *fomm*], plur. *afouâh*, [Alg. *'fouâm*], bouche.

فنَى

F'na, (ao. *i*), s'évanouir, disparaître, périr.

فِهْر

Fehr, Fehr, n. d'homme.

فِهَيْرَة

Feheïra, Fehyra, nom d'homme.

فَات

Fât, (ao. *o*), v. conc. disparaître, s'échapper, être accompli sans retour.

فَاق

Fâq, (aor. *o*), dominer, être au-dessus.

فَوق

Fouq, prép. au-dessus de.

فَآئِق

Fâyq, part. act. dominant, supérieur, élevé.

فُولٌ ، فُولَةٌ

Foul, (coll.), nom d'un. *foula*, fève.

فِى

Fy, prép. dans, pour, parmi, à, etc., suivant le verbe qu'elle accompagne.

أَفَادَ ‖ إِسْتَفَادَ

Afâd, 4e f. v. conc. être utile à. C. D. ‖ *Est'fad*, 10e f. retirer avantage, extraire le sens.

فَايِدَةٌ ، فَوَايِد

Fâyda, pl. *fouâyd*, utilité, profit, avantage.

فِيلٌ – فَيْلُ الْفِيل

Fyl, éléphant. – *Q'bel el-fyl*, avant la guerre dite guerre de l'Éléphant.

ف

فبح

Q'bah, être laid, honteux, mauvais.

فَبِيحٌ ، فِبَاح

Q'béh, pl. *q'bâh*, mauvais, méchant, laid.

فَبِيحَةٌ

Q'byha, chose honteuse, mauvaise, déshonnête.

أَقْبَحُ ، فَبِيحٌ

Aqbaḥ, compar. et superl. de *q'béḥ.*

قَبْرٌ ، قَبُورٌ

Q'bor, plur. *q'bour,* tombeau.

قَبَضَ ، عَلى لا قَبَضَ

Q'boḍ, suivi de *ala,* (ao. *i*), serrer la main sur, saisir, empoigner. || *Qoubiḍa,* (litt.), voix pass. être pris (par Dieu), mourir.

قَبْضٌ

Qobḍ, action de saisir.

اِنْقِبَاضٌ

Inqibáḍ, nom d'act. 7ᵉ f. mauvais accueil froncement.

قَبَاطِى ، قَبْطِىٌّ

Q'báṭy, pl. de *qobṭy,* étoffes coptes en lin et blanches.

قَبَلَ || قَبَّلَ || أَقْبَلَ || اِسْتَقْبَلَ

Q'bel, accepter. || *Qobbel,* 2ᵉ f. embrasser. || *Aqbel,* 4ᵉ f. s'avancer, se présenter. || *Estq'bel,* 10ᵉ f. aller à la rencontre de.

قَبْلَ

Q'bel, prép. avant.

قَابِلٌ

Qábel, part. act. s'avançant.

قَبُولٌ

Q'boul, accueil, acceptation.

قَبِيلَةٌ ، قَبَآئِلُ

Q'byla, pl. *q'bayl,* tribu.

قَبَايِلِىٌّ ، قَبَائِلِيَّةٌ

Q'báyly, plur. *q'báylyya,* adj. rel. cabyle.

مُقَابِلٌ

M'qábel, part. act. 3ᵉ f. faisant face à, vis-à-vis de, opposé à.

قَتَلَ

Q'tel, (ao. *o*), tuer.

قَتْلَ

Qot'l, action de tuer.

قِتَالٌ

Q'tál, combat.

قَتْلَةٌ

Qatla, tuerie.

قَتْلَى ، قَتِيلٌ

Qotla, pl. de *q'tyl,* tués, occis.

فَحْفٌ

Q'haf, os du crâne, crâne.

فَحَمَ , إِفْتَحَمَ

Q'ham, (ao. o), et *aqt'ham*, 8ᵉ f. (inus.), se ruer, accourir.

فَدْ

Qad, (litt.), adv. se place devant le prétérit ; déjà.

إِسْتَفَدَّ

Est'qadd, v. s. 10ᵉ f. prendre sa revanche, se venger, compenser.

فَدَحٌ , [كَاس]

Q'dah, [Alg. *kâs*], coupe, gobelet.

فَدَرَ , فَدَّرَ

Q'der, (ao. i, o), pouvoir. ‖ *Qodder*, décréter.

فَدْرٌ

Q'der, quantité, valeur; décret de Dieu.

فَدُورٌ , فِدْرَةٌ

Q'dour, pl. de *qodra*, marmite.

فَادِرٌ

Qáder, puissant.

فَدَمَ ‖ فَدَّمَ

Q'dem, (ao. o), s'avancer, aller. ‖ *Qoddem*, 2ᵉ f. faire avancer, offrir, apporter, servir.

فَدُومٌ

Q'doum, arrivée, approche.

فَدَّامٌ

Qoddâm, prép. en face, devant.

فَدِيمٌ , فَدَمَاءُ , [فدم]

Q'dym, plur. *q'dama*, et [Alg. *q'dem*].

إِفْتَدَى , (ب)

Eqt'da, v. déf. 8ᵉ f. suivi de (*b'*), se conformer, imiter, se conduire d'après.

إِسْتَفَرَّ

Est'qerr, 10ᵉ f. être établi, demeurer, être fixé.

مَفَرٌّ , [منزل]

M'qorr, [Alg. *menzel*], demeure, séjour.

فَرَأَ ‖ أَفْرَأَ , [فرا]

Q'ra, (ao. a), v. h. lire. ‖ *'Qra*, [Alg. *qorra*, 2ᵉ f.] 4ᵉ f. faire lire.

فَرُبَ ‖ فَرَّبَ ‖ تَقَارَبَ

Q'reb, (ao. a), s'approcher, être près. ‖ *Qorreb*, rendre proche. ‖ *T'qâreb*, 6ᵉ f.

s'approcher mutuellement.

قُرْب

Qorb, proximité.

فَرِيبٌ , فِرَابٌ

Q'ryb, plur. *q'râb*, prochain, qui est proche.

قَرْبُوس

Qorbous, pommeau, arçon de la selle.

قُرَيْش

Qoreych, Qoreïch, nom du chef de la tribu de Mahomet.

قُرَيْشِيّ

Qoreychy, adj. rel. Qoreïchite, de la tribu de Qoreïch.

قَرْصٌ , قُرْصَةٌ , أَقْرَاصٌ

Qors, n. d'un. *qorsa*, pl. *'qrás*, pain, (Alg. pain encore en pâte).

مَقْرَعَةٌ , مَقَارِعٌ

Moqraa, plur. *m'qára*, fleau, étrivière, verge.

قَرْنٌ , قُرُونٌ , ذُوالْقَرْنَيْنِ

Qorn, pl. *q'roun*, corne. || *Dou'lqorneyn*, l'homme aux deux cornes, surnom d'Alexandre.

قَرْيَة

Q'rya, bourg, petite ville.

قَسَمَ || فَاسَمَ || أَفْسَمَ

Q'sem, (ao. *i*), partager, diviser. || *Qásem*, 3e f. faire part à. C. D. || *'Qsem*, 4e f. jurer, prendre Dieu à témoin.

عَبْدُ الْقَاسِم

Abdelqásem, nom d'homme.

قِسْمَةٌ

Qosma, portion, division.

قُسَنْطِينَةٌ

Qosentyna, Constantine, nom de ville.

قَصَّ

Qoss, (ao. *o*), couper, diviser.

قَصّ

Qoss, action de couper.

قَصْبَةٌ

Qas'ba, roseau, forteresse, citadelle, casba.

قَصَدَ

Q'sod, (ao. *i*), avoir dessein, se diriger vers.

قَصْدٌ

Qosd, dessein, intention.

10.

فَاصِدٌ ‖ بِالْفَاصِدِ ‒ بِالْفَصْدِ

Qâṣed, qui a dessein de. ‖ *Belqâṣed*, et *belqoṣd*, avec le dessein, exprès.

فَصِيدَةٌ

Q'ṣyda, poëme, pièce de vers.

مَقْصُودٌ

Moqṣoud, part. pris subs. proposition, but, dessein.

فَصَرَ ‖ فَصَّرَ

Q'ṣor, être court, cesser de. ‖ *Qoṣṣor*, 2e f. abréger, raccourcir.

فَصْرٌ , فَصُورٌ

Q'ṣor, pl. *q'ṣour*, château-fort, château.

تَفْصِيرٌ

Toqṣyr, nom d'act. 2e f. abréviation, amoindrissement, insuffisance.

فَصْعَةٌ ‒ فَصَاعٌ

Q'ṣâa, pl. *q'ṣã*, écuelle, assiette.

أَسْتَفْصَى ‖ اسْتَفْصَى

Estoqṣa, v. déf. 10e f. abréger, diminuer. ‖ *Oustouqṣya* (voix passive).

فَصَى , إِنْفَضَى

Q'ḍa, (ao. *i*), v. déf. décréter, sanctionner, accomplir. ‖ *Enq'ḍa*, 7e f. être accompli.

فَاضٍ , فَاضِى , فُضَاء , فُضَاةٌ

Qâdyn, (indéterm.), et *qâdj*, (déterm.), pl. *q'dâ'* et *q'dâ*, cadi, juge.

فَضِيَّةٌ

Q'dyya, affaire, jugement.

فَطَّ ‖ فَقَطْ

Qaṭ, jamais. ‖ *Faqaṭ*, seulement, et c'est tout.

فَطَعَ ‖ فِطْعَ

Q'ṭa, (ao. *a*), couper. ‖ *Qouṭya*, voix passive.

فَطْعَ

Qoṭ'a, action de couper.

فِطَعَ , فَطْعَةٌ

Q'ṭa, pl. de *q'ṭaa*, fragments, morceaux.

مَقْطُوعٌ

Moqtoua, part. pass. coupé.

فَطْنٌ

Q'ton, coton.

فَعَدَ ‖ فَعَّدَ , أَفْعَدَ

Q'ad, (ao. *o*), s'asseoir,

rester inoccupé. || *Qaad,* 2ᵉ f. et *'qad,* 4ᵉ f. faire asseoir.

فُعُودٌ

Q'aoud, action de s'asseoir, inoccupation, désœuvrement.

فَعْدَة ـ ذُوالْفَعْدَةِ

Qada, repos, inaction. — *Dou'lqada,* nom d'un mois de l'année musulmane.

فَبْرَاءِ , [صحراء]

Qafrâ, contrée déserte, [Alg. *sahrâ*].

فَبْصٌ , أَفْبَاصْ

Q'fos, plur. *'qfâs,* cage à oiseaux, filet, portefeuille.

فَبَلَ || فَبَّلَ

Q'fel, (ao. *i, o*), retourner de voyage. (Alg. fermer à clef). || *Qoffel,* 2ᵉ f. fermer à clef.

[فَاْفِلَةٌ] , فَبَلٌ || فُبُولٌ , فَبَلٌ

Q'fel, pl. *q'foul,* serrure. || *Q'fel,* [Alg. *qâfla*], caravane.

مَفْبُولٌ

Moqfoul, part. pass. fermé à clef.

فِمَا

Q'fá, nuque, occiput.

فُلَّ , فَال

Qoul, impér. 2ᵉ p. sing. masc. de *qâl* v. c.

فِلَّةٌ

Qolla, petite quantité.

فَلِيلٌ , فُلَّلٌ , أَفْلَّاءِ ـ فَلِيلًا

Q'lyl, pl. *q'lel,* (litt.) *aqellâ,* en petite quantité. — *Q'lylâ,* acc. (litt.) un peu.

فَلَبَ || فَلَّبَ || إِنْفَلَبَ

Q'leb, (ao. *i*), tourner, retourner, échanger, || *Qolleb,* 2ᵉ f. renverser, visiter, examiner. || *Enq'leb,* 7ᵉ f. être renversé.

فَلَّبٌ , فُلُوبٌ

Qalb, pl. *q'loub,* cœur, intérieur, milieu.

فَلَّدَ

Qolled, 2ᵉ f. orner d'un collier, donner investiture, suivre une doctrine.

مُفَلَّدُ

M'qolled, part. pass. 2ᵉ f. portant au cou, en sautoir.

فَلَعَ , فَلَّعَ

Q'la, (ao. *a*), et *qolla,* 2ᵉ f. arracher.

فمْح

Q'mah, blé.

فمَر

Q'mar, lune.

فنْصُل ، فنْصُوا ، فنْصوات

Qounsoul et *qounsou*, pl. *qounsouât*, consul.

فنَع

Q'na, (ao. *a*), être satisfait, avoir suffisamment.

فنُوع

Q'noua, contentement, modération dans les désirs.

فنَاعَة

Q'nåã, modération dans les désirs.

فهَر - فهرًا ، [بالفهَر]

Q'har, violence. — *Q'haran*, [vulg. *belq'har*], par force, violemment.

مفْهُور

Moq'hour, part. pass. violenté, accablé.

فَات ‖ إسْتَفَات

Qât, (ao. *o*), v. conc. alimenter, nourrir. ‖ *Est'qat*, 10ᵉ f. gagner sa vie.

فوت

Qout, aliments.

فاَد

Qâd, (ao. *o*), conduire.

فائِد ، فوَّاد ، [فيّاد]

Qåyd, plur. *qououâd*, et [Alg. *qyyâd*], caïd, chef.

مقوَّد ، مقَاوِد

M'qoued, plur. *m'qâoud*, licou.

فوط

Gout, coll. peuple Goth.

فاَعَة

Qâa, sol, fond.

فاَل ‖ فيل

Qâl, (ao. *o*), v. conc. dire. ‖ *Qyla*, (litt.) voix passive de *qâl*.

فوَل

Qoul, mot, dire, parole.

فائِل

Qåyl, part. act. disant.

مقَال

M'qâl, parole, dire.

مقَالة

M'qâla, allocution, sermon.

فام || أَقَامَ || فَيَّمَ , [فَوَّمْ]

Qâm, v. conc. (ao. *o*), se lever. || *Aqâm*, 4ᵉ f. (litt.), dresser, faire surgir, demeurer. || *Qyyem*, 2ᵉ f. pour *qououem*, dresser, faire surgir, soulever.

فَوْمٌ

Goum, peuple, peuplade. [Alg. cavalerie d'une tribu].

فِيمَةٌ

Qyma, prix, valeur.

إِسْتِفَامَةٌ

Ist'qâma, nom d'act. 10ᵉ f. bon état.

مُقَامٌ

M'qâm, endroit, lieu où l'on est fixé.

مُفِيمٌ

M'qym, part. act. 4ᵉ f. v. c.

(litt.) dispos, en bon état, bien établi.

مُسْتَفِيمٌ

Mest'qym, part. act. 10ᵉ f. droit, direct, bien établi.

فونص , فنصوات

Qouneṣ, plur. *qounṣouât*, consul.

فَوِيَ || فَوَّى

Qoua, (ao. *a*), être fort. || *Qououa*, 2ᵉ f. rendre fort.

فَوِيّ

Qouy, fort.

فُوَّةٌ

Qououa, force, vigueur.

فَيَّضْ

Qyyed, v. conc. 2ᵉ f. destiner.

فِيلَ , فَالَ

Qyla, voix passive de *qâl*

ك

K', comme ; — *K'ann*, comme si ; — *k'dalik*, [Alg. *hakda*], comme cela, ainsi donc, de la sorte.

كَبَرَا || كَبَّرَ - [اب] || إِسْتَكْبَرَ

K'ber, être grand, corpu-

إِكَ

K et *ek*, (litt. *ka*, et fém. *ki*), pron. pers. affixe, te, (de) toi, (à) toi.

لَ - كَانَ - كَذَلِكَ , [هكذا]

lent. || *Kebber*, 2ᵉ f. magni-fier, dire les paroles : Dieu est grand ! [Alg. suivi de *b'*], honorer. || *Est'kber*, 10ᵉ f. se grandir, s'enorgueillir.

كِبَّرْ

Keb'r, grandeur, orgueil, magnificence.

كَبِيرٌ , كِبَارٌ - ٱلْكَبَرَآءُ

K'byr, pl. *k'bar*, grand. — Pl. pris subst. *el k'bará*, les grands.

كُبْرَى , كَبِيرٌ

Koubra, comp. et superl. fém. de *k'byr*.

أَكْبَرُ , كَبِيرٌ

Akbar, comp. et superl. de *k'byr*.

أَكَابِرُ

Akáber, pl. du comp. plus grands, très-grands.

تَكْبِيرٌ

Tekbyr, nom d'act. 2ᵉ f. glorification, action de pro-noncer les paroles : Dieu est grand !

كَتَبْ || كَاتَبْ

K'teb, (ao. *o*), écrire. || *Káteb*, 3ᵉ f. écrire à. C. D.

كَاتِبْ , كُتَّابْ

Káteb, part. act. écri-vant ; — pris subst. pl. *ket-táb*, greffier, écrivain.

كِتَابٌ , كُتُبٌ

K'táb, plur. *k'toub*, livre, écrit.

مَكْتُوبْ , مَكَاتِيبْ

Mektoub, part. pass. écrit; — pris subst. plur. *m'káteb*, lettre, écrit.

كَثُرَ || كَثَّرَ , أَكْثَرَ

K'tser, être abondant. || *Kettser*, 2ᵉ f. et *'ktser*, 4ᵉ f. (litt.), rendre abondant, mul-tiplier.

كَثْرَةٌ

Kets'ra, abondance.

كَثِيرٌ , كِثَارٌ

K'tsyr, pl. *k'tsár*, et rég. nombreux, abondant.

أَكْثَرُ , كَثِيرٌ

Aktsar, comp. et superl. de *k'tsyr*.

كَذَا - كَذَلِكَ [هكذا]

K'da, comme-ci, comme-çà ; — *k'dalik*, [Alg. *hakda*], comme cela, ainsi, donc.

كَذَبْ || كَذَّبْ

K'deb, (ao. *i*), mentir. || *Keddeb*, 2ᵉ f. faire mentir, traiter de menteur.

كذب

K'deb, mensonge.

كَاذِبٌ ، كُذَّابٌ

Kádeb, pl. *keddáb*.

كَرَّ

Kerr, (ao. *a*), retourner au combat.

كُرْسِيّ ، كَرَاسِيّ ، كَرَاسَةٌ

Korsy, plur. *krásy* et *k'-rása*, siége, chaise, tróne.

كَرَّمَ ، أَكْرَمَ

Kerrem, 2e f. et *'krem*, 4e f. honorer.

كَرَمٌ

K'rem, noblesse, générosité, honorabilité.

كَرِيمٌ ، كِرَامٌ

K'rym, pl. *k'rám*, généreux, honorable.

كَرَامَةٌ

K'ráma, faveur, honneur dont on est l'objet.

أَكْرَامُ

Ikrám, (litt.), nom d'act. 4e f. action d'honorer, de traiter avec respect.

مَكْرَمٌ

Mék'rem, part. pass. 4e f. honoré, accueilli.

مَكْرُمٌ ، مَكْرُمَةٌ ، مَكَارِمُ

Mekram et *mekrama*, pl. *m'kárem*, action noble et généreuse.

مَكْتَرَمٌ

Mokt'rem, part. pass. 8e f. honoré.

كَرِهَ

K'ra, (ao. *a*), haïr, détester.

كَرِيهٌ ، كَرِيهَةٌ

K'ryh, fém. *k'ryha*, haïssable, pitoyable.

كَسَبَ

K'seb, (ao. *i*), acquérir, gagner.

كَسْبٌ

K'seb, gain, lucre, acquisition.

كَاسِدٌ

Kásed, déprécié, objet de rebut.

كَسَرَ || تَكَسَّرَ || إِنْكَسَرَ

K'ser, (ao. *i*), casser. || *T'kesser*, 5e f. être cassé, brisé, fragile. || *Enk'ser*, 7e f. être brisé, rompu, fragile.

كَسْرَى

Kesra, Cosroës, nom d'homme.

إِكْسِيرٌ

Iksyr, élixir, pierre philosophale.

مَكْسُورٌ

Meksour, part. pass. brisé, cassé, rompu.

كَسَلٌ

K'sel, paresse.

كَسْلَانٌ

Kaslân, paresseux.

كَسِىَ ǁ كَسَّى , أَكْسَى

K'sa, (ao. *a*), être revêtu. ǁ *Kessâ*, 2e f. et *'ksa*, 4e f. revêtir.

كُسِيَتْ , كَسِيَتْ - كَسِىَ

Kousiet, à la voix pass. ou bien *k'syet*, à la voix active, 3e p. sing. fém. du prétérit de *k'sa*.

كَشَفَ ǁ إِنْكَشَفَ

K'chef, (ao. *i*), découvrir. ǁ *Enk'chef*, 7e f. être découvert.

كعب

K'ab, Kaab, n. d'homme.

كَعْبَة

K'aba, temple de la Mecque.

كَفّ

Keff, (aor. *o*), s'abstenir, se retenir, repousser, écarter.

كَفّ - فِى كَفَّيْهِ

Keff, main; *fy keffyh*, dans les deux mains de lui.

كَفَأ

K'fa, (aor. *a*), se renverser.

كَفَرَ

K'fer, (ao. *i*), couvrir, être impie, infidèle.

كَافِرٌ, كِفَارٌ, كِفَّارٌ

Kâfer, pl. *kifâr* et *kouffâr*, impie, infidèle.

كَفَى ǁ كَافَى

K'fa, (ao. *i*), suffire. ǁ *Kâfa*, 3e f. compenser, récompenser, suffire à. C. D.

كُلّ - كُلَّ يَوْم

Koull, totalité, sert à traduire nos adj. indéf. tout, chaque. Ex. : *koull youm*, chaque jour.

كُلِّيَّة

Koullyya, totalité.

كُلَّمَا

Koull'ma, toutes les fois que.

كَلَّا

Kalla, (litt.), nullement, point du tout.

كَلَّمَ || نَـكَلَّمَ

Kellem, 2e f. adresser la parole à. || *T'kellem*, 5e f. parler, dire.

كَلَامْ

K'lâm, discours, phrase, langage, dire.

كَلِمَةٌ

Kelma, parole, mot.

مُكَالَبَةٌ

M'kâlima, allocution.

مُتَكَلِّمْ

Metkellem, part. act. 5e f. parlant, discutant, docteur dogmatique.

كَمْ , [فدّاشْ]

Kem, [Alg. *qaddech*], combien.

كُمْ

Koum, pron. affixe, pl. 2e p. masc. vous, (de) vous, à vous.

كُمْ , أَكْمَامْ

Komm, pl. 'kmâm, manche de vêtement.

كُمَا

Koumá, pron. affixe, au duel.

كَمَا

K'má, comme, de même que.

كُمَثْرَى , [إنجاص]

K'metsra, [Alg. *andjás*], poirier.

كَمَّلَ

Kemmel, 2e f. compléter.

كَامِلْ

Kâmel, complet, entier.

كُنَّا , كَانَ

Kounna, 1re p. pl. prét. de *kán*.

كُنَّ

Kounna, (litt.), pron. aff. fém. pl. 2e p.

كُنْتُ , كَانَ

Kount, 1re et 2e p. sing. du prétérit de *kán*.

كندَى

Kendy, Kendien.

كَنْزٌ, كُنُوزٌ

Kenz, plur. *k'nouz*, trésor enfoui.

كَنَس

K'nes, (ao. *i*), balayer.

مَكْنُوسٌ

Meknous, part. pass. balayé.

كُنْيَة

Kounya, surnom, sobriquet.

كَاهِل

Kâhel, partie supérieure du dos et des épaules.

كاد

Kâd, (ao. *a*), être près de, peu s'en falloir, faillir.

كُورَةٌ, [بِلَاد]

Koura, (grec χώρα), contrée, région, [Alg. *blâd*].

كَانَ

Kân, (ao. *o*), v. conc. être.

كُوْنٌ

Koun, existence, état, manière d'être.

كَائِن

Kâyn, part. act. existant, étant.

مَكَانٌ, أَمَاكِنُ

M'kân, pl. *amâken*, endroit, lieu.

كَادَ

Kâd, (aor. *i*), arranger, traiter, soigner.

كِيسٌ, [كِيسَةٌ]

Kys, [Alg. *kysa*], bourse.

كَالَ, [كَيَّلَ]

Kâl, (ao. *i*), v. conc. [Alg. *kyyel*, 2ᵉ f.], mesurer.

كَيْلَةٌ

Kyla, n. d'unité de fois, mesurée, mesure.

مِكْيَالٌ

M'kyâl, n. d'inst. mesure de capacité.

كِيمِيا

Kymya, chimie et alchimie.

ل

لَ

La, (litt.), adv. inséparable du mot qui suit ; il marque affirmation, et se rend ordinairement par : certes, vraiment.

لِ

L', prép. qui marque attribution, à, pour, en faveur de, après... etc.

لَا ‖ بِلَا

Lâ, adv. négat. non, ni, ne pas. ‖ *B'lâ*, sans.

لَئِن

Laïn, (litt.), certes si.

لُؤْلُؤٌ , لَآلِئْ [جوهر]

Loulou, (gén.) plur. *lâly*, [Alg. *djouhar*], perle.

لَبِث

L'bets, hésiter, tarder.

لَبَس ‖ ٱلْبَس

L'bes, (ao. *i*), se revétir, être revêtu. ‖ *'Lbes*, 4° f. revêtir.

لِبَس

L'bes, vêtement.

لَابِس ‖ لَابِس فِى كَفِّه

Lâbes, part. act. revêtu. ‖ *Lâbes fy keffhou*, vêtu à la main, c.-à-d. ganté.

أَلَحَّ

Alahh, (litt.), v. s. 4° f. être importun, insister.

لَحِس

L'has, (ao. *a*), lécher.

لَحِف , ٱلْتَحَف

L'haq, (ao. *a*), atteindre, trouver, poursuivre. ‖ *'Lhaq*, 4° f. faire atteindre, adjoindre, réunir.

لِحْيَة

Lahya, barbe.

إِلْتَدَم

Ell'dem, 8° f. se lamenter en se frappant le sein, en se déchirant le visage.

لَدَى , [فدّام]

L'da, [Alg. *qoddâm*], en présence de.

تَلَذَّذ , إِلْتَذَّ

T'ledded, 5° f. et *eltedd*, 8° f. se délecter, éprouver du plaisir.

لَذَّة

Ledda, jouissance, volupté.

لَزِمَ

L'zem, (ao. *a*), être nécessaire.

لَازِمَ

Lâzem, part. act. nécessaire, indispensable.

لَسْتُ , لَيَسَ

Last, 1re et 2e p. prét. de *leïs*, (litt.).

لِسَانٌ , لَسُنَ - عَلَى لِسَانِهِ

L'sân, pl. *l'soun*, langue; — *ala l'sánhou*, d'après son dire, en lui attribuant le dire.

لَصٌّ , لُصُوصٌ

Less, pl. *l'sous*, brigand, voleur.

لَصِقَ ‖ إِلْتَصَقَ

L'soq, (ao. *a*), adhérer, être collé. ‖ *Ett'soq*, être attaché au service de.

لَطَسَ , لَطَشَ

L'tos ou *l'toch*, (ao. *a*), frapper, choquer.

لَطَوَ ‖ لَاطَوَ

L'taf, (ao. *a*), être bienveillant. ‖ *Lâtaf*, 3e f. être

bienveillant pour, faire bon accueil à. C. D.

لَطِيفٌ

L'tyf, poli, élégant, gracieux, bienfaisant.

لَطَانْدَانْ سْبِيل

L'tândân s'byl, l'intendant civil, (langue franque).

لَعِبَ

L'ab, (ao. *a*), jouer, amuser, faire des tours de force ou d'adresse.

لَعَلَّ , [يَمْكِنْ] ‖ لَعَلَّلَك

L'all, [Alg. *ymken*, il est possible], peut-être; — se joint aux affixes, ex.: *l'allak*, peut-être toi.

لُغَةٌ ‖ إِحْدَى ٱللُّغَتَيْن

Loura, langue, dialecte. ‖ *Ahda 'llourteyn*, l'une des deux langues.

إِلْتَفَتَ , [تْلَقّت]

Elt'fet, [Alg. *t'leffet*, 5e f.] 8e f. se retourner, tourner la tête.

لَفَطَ

L'qot, (ao. *a*), cueillir.

لَفِىَ ‖ أَلْفَى ‖ إِسْتَلْفَى

L'qa, (ao. *a*), rencontrer.

|| *'Lqa*, 4ᵉ f. jeter, rejeter. || *Estelqa*, 10ᵉ f. (litt.), se renverser la tête en arrière.

لِفَاء

L'qá, rencontre, réunion fortuite.

لَكِن , لَاكِنّ , لاكِنّى

Lakin et *lákinn*, cependant, mais ; — se joint aux affixes, ex.: *lakinny*, cependant moi.

لِلَّه - لِ - اَللَّه

Lillah, composé de *l'* et *Allah*.

لَم , [ما]

Lam, adv. nég. veut après lui l'aoriste conditionnel, [vulg. *má*] ne…. point.

لِمَ - ل - ما , [لاش]

Lima, composé de *l'* et *má*, [Alg. *lech*], pourquoi?

لِمَا

Limá, pourquoi? (Voir le mot qui précède.)

لَمَّا , [مازال]

Lemmá, lorsque, après que — pas encore [Alg. dans ce sens : *mázál*].

لَعَ

L'ma, (ao. *a*), étinceler, briller.

لِمَن - لِ - مَن

Limen, composé de *l'* et *men*, à qui, pour qui! à quiconque.

لَن , [ما]

Lan, adv. négatif du futur. [Alg. *má*], ne… point.

لهب

L'hab, Lahab, n. d'homme.

لَوْ

Lou, si (de supposition).

لوى

Louay, nom d'homme.

لِى

Ly et *lya*, à moi (composé de la prép. et de l'aff.).

لَيْس , ب

Leys, verbe négatif, n'être point. (Ce verbe est ordinairement suivi de la prépos. *b'* devant l'attribut.)

لاَق

Láq, (ao. *i*), v. conc. convenir.

لاَئِق

Láyq, part. act. qui convient, convenable.

لَيْلَةٌ ـ اللَّيْلة

Ly'la, n. d'un. une nuit;
– *ellyla*, la nuit dernière.

لَيْلٌ , لَيْلَةٌ , لَيَالِى

Lyl, et n. d'un. *lyla*, pl.
lyâly, nuit.

م

مَا ـ مَا أَنْتُمْ عَلَيْهِ

Má, ce que, quoi? *má
entoum alyhi*, comment vi-
vez-vous?

مَثَّلَ || تْمَتْسَل

Metsel, (ao. *a*), assimiler.
|| *T'metstsel*, 5ᵉ f. se con-
former, se présenter; –
t'metstsel byn iddyh, il se
tint debout devant lui.

مَا

Má, adv. nég. ne... point
– id. adv. d'exclam. Com-
bien?

مِثْلٌ

M'tsel, ressemblance, si-
militude, proverbe; – adv.
comme.

مَاءٌ

Má', eau.

تَمْثِيلٌ

T'metsyl, nom d'act. 2ᵉ f.
assimilation, reproduction.

مِأَيَةٌ || مِأَيْتَى دِرْهَم , [مَايْتِين
درهم]

Myá, cent. – *Myatey
drah'm*, [vulg. *myteïn
drah'm*], deux cents drach-
mes.

مَجَّدَ

Medjdjed, 2ᵉ f. vanter,
glorifier.

مَجْدَ

M'djed, gloire, honneur.

مُتَّكِىً , وَكَأَ

Mett'ky, part. act. 8ᵉ f.
de *ouka*.

مَدَّ

Medd, (ao. *o*), v. s. éten-
dre, tendre, offrir.

مَتَى , [فى أى وفت]

Mata, [Alg. *fayouoqt*],
quand?

مُدَّةٌ

Medda, laps de temps,
durée.

مَثَّلَ || تَمَثَّلَ ـ تَمَثَّلَ
بَيْنَ يَدَيْهِ

مَدِينَةٌ , مَدَايِن , مُدُن

M'dyna, pl. *m'dáyn* et *m'doun*, ville; – nom propre de ville, Médine.

مدية

M'dya, Médéah, nom de ville.

مدلجى

Medledjy, adj. rel. qui est de la tribu des Beny-Medledj.

مـرّ || إستـمـرّ

Merr, (ao. *o*), passer. || *Est'merr*, être fixé, demeurer, persévérer.

مـرّة , مرار , [مرّات] – مرارًا

Merra, pl. *m'rár* et [Alg. *merrát*], fois; – *m'ráran*, (litt.) acc. pris adv. des fois.

مـرأة , آمـرأة , نساء , نسوان

M'rá et *'mrá*, pl. *n'sá'* et *n'souán*, femme.

مرآة , [مراية] – رأى

M'ráa, [Alg. *mráya*], miroir (n. d'instr. de *rá'*).

مـراد , أراد

M'rád, désir, but, attention, (de *arád*).

مرسيلية

Mersylya, Marseille, nom de ville.

مرض || مرّض

M'rod, (ao. *a*), être malade, *merred*, soigner la maladie.

مـرض

Merd, mal, maladie.

مريض , مراض , مرّضى

M'ryd, pl. *m'rád*, et *merda*, malade.

مـروّة

M'roua, virilité, force d'âme, générosité.

مزوّد , مـزاود – زاد

Mezoued, pl. *m'záoud*, (n. d'instr. de *zád*), besace en peau, sac à provisions.

مستحى , حى

Mest'hey, part. 10e f. de *hayya*.

مستكبر

Mestek'ber, part. act. 10e f. orgueilleux, qui se vante.

مسح

M'sah, (ao. *a*), essuyer, frotter, (vulg. brosser).

مسح

M'sek, (ao. *a*), transformer, changer la forme. 2 C. D.

مَسَكَ || أَمْسَكَ

M'sek tenir, toucher. || '*Msek*, 4ᵉ f. retenir, se contenir, empêcher.

أَمْسَى

'*Msa*, v. déf. 4ᵉ f. être au soir.

مَسَاء

M'sa, soir.

مَاشِطَةٌ، مَوَاشِط

Máchta, pl. *mouáchot*, coiffeuse, qui fait la toilette des femmes.

مَشَى

M'cha, (ao. *i*), v. déf. aller, marcher.

مِصْر

Maṣ'r, s. fém. l'Egypte, le Caire.

مِصْرِى

Maṣry, adj. rel. Égyptien.

مُصْطَفَى

Moṣt'fa, part. pass. 8ᵉ f. élu, choisi; — id. nom d'homme, Mustapha.

مَضَتْ و مَضَى

M'ḍet, 3ᵉ p. sing. fém. prét. de *m'ḍa*.

مَضَى

M'ḍa, (ao. *i*), v. déf. passer, s'en aller, aller.

مَاضِى

Mâdy, (déterm.), part. act. passé, passant.

مَطَّر

M'tor, pluie.

مَاطِر

Mátor, pluvieux.

مَعَ

Ma, prép. avec.

مِقْدَاد

Miqdâd, nom d'homme.

مُقِيمٌ، فَأَمْ

M'qym, part. 4ᵉ f. de *qâm*.

مَكَّة

Makka, la Mecque.

مَكَثَ، [فعد

M'kets, (ao. *o*), rester, tarder, séjourner. [Alg. *q'ad*].

مِكَثْ

M'kets, retard, séjournement.

مَكَّن || أَمْكَنَ || تَمَكَّن

Mekken, 2ᵉ f. stabiliser, donner le pouvoir.||'*Mken*,

4ᵉ f. rendre possible. || *T'mekken*, 5ᵉ f. se rendre maître de, se saisir de.

مَكَانٌ , أَمَاكِنُ ‐ مَكَانَةُ

M'kân, pl. *amáken*, place, lieu, endroit; — *m'kân-hou*, à sa place.

مَكَانَةٌ , [درجة]

M'kána, place, degré, rang. [Alg. *derdja*].

مَلَّ || مِلَّ ‐ مال

Mell, (ao. *a*, *i*), avoir dégoût; — mil. impér. de *mál*.

مَلأَ || إِمْتَلأَ

M'la, (ao. *a*), v. h. remplir. || *Emt'la*, 8ᵉ f. se remplir, être rempli.

إِمْتَلأَتَا

Imtalata, (litt.), fém. 3ᵉ p. au duel du prét. 8ᵉ f.

مَلآنٌ , مَلآنَةُ , مَلآى , مِلَاءٌ

M'lân, fém. *m'lána* et *m'lâa*, pl. *m'lá*, plein.

مُمْتَلِى

Moumtaly, (litt.), part. 8ᵉ f. rempli.

مَلِيحٌ ‐ مِلَاحٌ

M'léh, pl. *m'láh*, bon.

مَلَاحَةُ

M'láha, bonté, compliment, bon mot, bienfaisance.

مَلَكَ

M'lek, (ao. *i*), posséder, avoir le domaine de.

مِلْكٌ , أَمْلَاكٌ || مُلْكٌ

Melk, pl. '*mlâk*, bien, propriété, *moulk*, empire.

مَلِكٌ , مُلُوكٌ

M'lek, plur'. *m'louk*, roi, souverain.

مَلَكٌ , مَلَائِكَةُ ‐ مَلَكَانِ مَلَكَيْنِ

M'lek, pl. *m'láyka*, ange; — duel, *m'lakán*, gén. et acc. *m'lakeyn*, deux anges.

مَالِكٌ

Málek, adj. verb., possédant.

مَلَكِيٌّ , مَلَكِيَّةٌ

Maleky, adj. rel., pl. *malekyya*, qui est de la secte malékite.

مَمْلَكَةُ

Mamlaka, royaume.

مَمْلُوكٌ , مَمَالِيكُ

11

Mémlouk, part. pass. possédé ; — id. subst. pl. *m'mályk*, esclave.

مِمَّا - مِنْ - مَا

'*Mimmá*, composé de *min* et de *má*, parmi ce qui, parmi ce que.

مِنْ

'*Men*, (vulg. *menn* devant un pronom affixe, excepté celui de la 1ʳᵉ p. du pl. et celui de la 2ᵉ p. du même nombre), de, parmi, entre.

مِنْ

'*Men*, pron. indéf. ou interrog. invariable; met l'aoriste au conditionnel, et donne au prétérit le sens du futur; quiconque, celui qui, celui que... — qui?

مَنَّ , (علی)

'*Menn*, être bienfaisant envers, (suivi de *ala*).

مَنَّ - بِمَنِّهِ

'*Menn*, nom d'act. bonté; — *bimennhou*, par sa bonté.

مُنَّة

'*Mounna*, puissance divine, force.

مَنَّة

'*Menna*, bienveillance, bonté.

إِمْتِنَان

Imtinán, nom d'act. 8ᵉ f. (litt.), action de bienfaisance.

مُنْذُ

Mound, depuis.

مَنَعَ ‖ إِمْتَنَعَ

M'na, (ao. *a*), récuser, empêcher, défendre. ‖ *Emt'na*, 8ᵉ f. s'abstenir.

أُمْنِيَة

Oumnyya, (litt.), chose désirée.

مَهَرَ , أَمْهَرَ , [أصدق]

M'har, (ao. *a*), et '*mhar*, 4ᵉ f. [Alg. *aşdaq*] donner pour dot.

مَهَرٌ , [صَدَفَة]

M'har, [Alg. *S'daqa*], dot.

أَمْهَلَ

'*Mhal*, 4ᵉ f. donner le temps à.

مَهْمَا

Mahma, tout ce que, toutes les fois que.

مُوَاخَذٌ , أَخَذَ

Mouáked, part. pass. 3ᵉ f. répréhensible, puni, punissable.

مَاتَ ‖ مَيَّتَ , أَمَاتَ

Mât, (ao. *o*), v. conc. mourir. ‖ *Myyet*, 2ᵉ f. et '*mât*, (litt.), 4ᵉ f. faire mourir.

مَوْتٌ

Mout, s. masc. et Alg. fém. mort.

مَيِّتٌ - مَوْتَى

Myyet, pl. rég. adj. mort; – id. subst. pl. *mouta*, (un) mort.

مَوْتَى , مَيِّتٌ , مَيِّتٌ

Mouta, pl. pris subst. de *myyet* ou de *meyt*, (litt.).

مَمَاتٌ

M'mât, mort, trépas.

مُوسَى

Mousa, Mousa, Moïse, nom d'homme.

مَالٌ , أَمْوَالٌ

Mâl, pl. '*mouâl*, bien, fortune, richesse.

مَالَ

Mâl, (ao. *i*), v. conc. pencher, s'incliner.

مُؤْلِمٌ - ألم

Moulim, (litt.), part. act. 4ᵉ f. de *alem*, douloureux.

مُؤْمِنٌ , أمن

Moumin, part. act. 4ᵉ f. de *amen*, croyant.

مَائِدَةٌ

Myda, table à manger.

مَيْسَرَةٌ

Mysara, nom d'homme.

مَيْمُونَةٌ

Mymouna, nom de femme.

ن

نَا

Nâ, pron. pers. aff. 1ʳᵉ p. du pluriel, nous, de nous, etc.

نَبِيٌّ , أَنْبِيَاء

N'by, pl. *anbya*, prophète.

نُبُوَّةٌ

N'bououa, prophétie.

نَبَتَ

N'bet, (ao. *o*), pousser, croître, germer.

نَبَاتٌ

N'bât, (coll.), plantes.

نَبَح

N'bah, (ao. *a*, *i*), aboyer.

نُبَاح

N'bâh, aboiement.

نَبَّاح

Nebbâh, (adj. d'intens.), aboyeur.

مِنْبَر

Menber, chaire à prêcher.

نَابَل

Nábel, 3e f. combattre avec des flèches.

نَبْلٌ ـ مُرَامَاةُ ٱلنَّبْلِ

N'bel, (coll.) s. fém. flèches. — *M'râmat enn'bel*, jet des flèches.

نَبَّهَ ‖ إِنْتَبَهَ

N'bah, (ao. *a*), éveiller. ‖ *Ent'bah*, 5e f. se réveiller, reprendre ses sens.

نَتَن , أَنْتَن

N'ten, (ao. *i*), et *'nten*, 4e f. puer, sentir mauvais.

مُنْتِن

Menten, part. act. 4e f. puant.

نَجُبٌ , نَجِيبٌ

N'djoub, pl. de *n'djyb*, (inus.), adj. se dit de chameaux choisis.

نَوَاجِدٌ , نَاجِدٌ

Nouâdjed, pl. de *nádjed*, dents molaires.

نَجَّارٌ

Nedjdjâr, (nom de mét.), menuisier, charpentier; — id. n. propre, Nedjdjâr.

نَجَزَ ‖ أَنْجَزَ

N'djez, (ao. *o*), accomplir une affaire. ‖ *'Ndjez*, 4e f. tenir parole, accomplir sa promesse.

إِنْتَحَب

Ent'hab, 8e f. se lamenter, gémir.

إِنْتِحَاب

Int'hab, nom d'act. 8e f. gémissement, lamentation.

نُحَاس

N'hâs, cuivre, monnaie de cuivre.

نَحْنُ

N'han, (litt.), pron. pers. pl. de la 1re p. nous.

نَحْوُ

Nahou, environ, vers, près de, comme.

نَاحِيَةٌ , نَوَاحِى

Náhya, pl. *nouáhy*, contrée, région.

مُنْتَخَبَاتٌ

Mountak'bát, part. fém. pl. 7e f. extraits.

مَنْخَرُ , مَنَاخِرُ

Menkor, pl. *m'náker*, narine.

نَدَبَ

N'deb, (ao. *o*), pleurer un mort; — envoyer une armée (litt.).

نَدِمَ

N'dem, (ao. *a*), se repentir.

نَدَمٌ , نَدَامَةٌ

N'dem, et *n'dáma*, remords, repentir.

نَدِيمٌ , نَدَمَاءُ

N'dym, pl. *n'damá'*, (inus.), convive, invité.

نَادَى , (ب)

Náda, v. déf. 3e f. publier par héraut, (suivi de *b'*).

مُنَادِى

M'nády, (déterm.), crieur public, héraut.

نَزَعَ

N'za, (ao. *i*), se débarrasser de, quitter, être à l'agonie.

نَزَلَ ǁ نَزَّلَ

N'zel, (ao. *i*), descendre. ǁ *Nezzel*, 2e f. faire descendre, donner l'hospitalité à.

مَنْزِلٌ , مَنَازِلُ

Menzel, pl. *m'názel*, lieu où l'on descend.

مَنْزِلَةٌ

Menz'la, degré de faveur, de dignité, demeure.

تَنَزُّهٌ

T'nezzah, nom d'act. 5e f. action de se récréer, de prendre l'air des champs.

نِسَاءٌ , مَرْأَةٌ

N'sá', pl. de *m'rá*, femmes.

نَسَبَ ǁ إِنْتَسَبَ

N'seb, (ao. *o*, *i*), dériver,

se rapporter, remonter (l'origine). || *Ent'seb*, 8e f. dériver, avoir rapport, se rattacher par l'origine.

نَسْتَعِين ، عَان

Nest'ayn, 1re p. pl. aor. indic. 10e f. de *ǎǎn*. (Vulg. *nest'ayn* est à la 1re pers. du sing.)

نَسْتَغِيتْ ، فَاتْ

Nest'qyt, 1re p. pl. aor. indic. de la 10e f. de *qǎt*, (Alg. *nest'qyt* est à la 1re pers. du sing.)

نِسِى

N'sa, (ao. *a*), oublier.

نِسْوَان ، مَرْأَة

N'souǎn, pl. de *m'rǎ'*, femmes.

أَنْشَك

Anched, 4e f. réciter des vers, déclamer.

نَصَب

N'sob, (ao. *o*), dresser, fixer, poser.

نَصَب ، [فُدَّام]

Nas'b, (litt.), chose dressée;—id. adv.[Alg.*qoddǎm*], en face, devant.

نَصِيب

N'syb, part. portion, ce qui revient dans un partage.

نَصَح

N'sah, (ao. *a*), conseiller.

نَاصِح ، نُصَّاح

Nǎsah, pl. *nossǎh*, conseiller.

نَصَر

N'sor, (ao. *o*), aider, secourir, protéger.

نَصَر ـ فَنْصَرَك

N'sor, aide, secours, victoire ; — *fanosrek*, (vienne) donc ton secours !

نَاصِر ، أَنْصَار

Nǎsor, pl. *ansǎr*, aide, auxiliaire.

أَنْصَار ـ نَاصِر

Ansǎr, pl. de *nǎsor*. (On appelait *ansǎr* les habitants de Médine qui les premiers offrirent leur concours à Mahomet.)

أَنْصَارِى ، أَنْصَارِيَّة

Ansǎry, pl. *ansǎryya*, adj. rel. Ansarien.

نَصْرَانِى ، نَصَارَى

Nesrány, pl. *n'sǎra*, chrétien.

نَصَفٌ - نَصَفَيْن

N'ṣof, [Alg. *nouṣ*], moitié; — *noṣfeyn*, duel gén. ou acc. deux moitiés.

مُنْتَصَفٌ

Ment'ṣof, part. 8e f. partagé par le milieu ; — id. pris subst. milieu, moitié.

نَظَرَ

N'dor, (ao. *o*, *i*), considérer, jeter ses regards, voir, regarder.

نَظَرٌ

N'dor, action de regarder, regard.

نَظْرَةٌ

Nodra, (nom d'un. de fois), un regard, un coup d'œil.

نَاظِرٌ

Nádor, part. act. regardant, observant, inspecteur.

مُنَاظِرٌ

M'nádor, pl. rég. part. act. 3e f. discutant, traitant une question.

مُنَاظِرَةٌ

M'nâḍ'ra , discussion, thèse, examen.

نَظَّفَ

Noḍḍof, 2e f. rendre propre, épousseter.

نَعَمَ || نَعِمَ || تَنَعَّمَ

N'am, (ao. *o*, *i*), jouir d'une vie agréable. || *N'am*, (ao. *a*), être bon, agréable. || *T'naam*, 5e f. mener joyeuse vie, se donner de la joie.

نَعَمَ || يَا نَعَمَ الْحَبِيب

N'am, verbe de louange, commodité. || *Ya n'am el habyb*, ô agréable ami, ô trèscher !

نَعَمْ

N'am, oui, très-bien, plaît-il ?

نَعْمَةٌ

N'ama, abondance, joie, vie heureuse , sort prospère.

نَعِيمٌ

N'aym, adj. pris subst. commodité , agrément , abondance.

نُعْمَانٌ

N'amân, Nôman, nom d'homme.

إِنْعَامٌ

Inaâm, (litt.), nom d'act. 4e f. acte de largesse.

نَعَى

N'aa, (ao. *i*), annoncer la mort de quelqu'un, en parler (litt.).

نَفَخ

N'fok, (ao. *a*), s'enfler, souffler.

نَفْخَة

Nofka, enflure, arrogance, orgueil.

مَنْفُوخ

Menfouk, part. pass. enflé, tuméfié, orgueilleux.

نَفَد

N'fed, périr, s'évanouir, se perdre.

نَفَذ ‖ أَنْفَذَ

N'fed, pénétrer, s'enchevêtrer. ‖ *Enfed*, 4ᵉ f. transmettre, faire parvenir une lettre.

نَفَر

N'fer, (litt.), personnes, groupe peu nombreux.

نَفْس , أَنْفُس – نُفُوس – أَنَا نَفْسِي ‖ نَفَس , أَنْفَاس

N'fes, pl. *anfous* et *n'fous* âme, personne ; — ou dit avec un affixe *aná nefsy*, moi-même, etc. ‖ *N'fes*, pl. *anfás*, souffle, haleine.

نَفِيس

N'fys, précieux.

نَفَض – نَفَض يَدَهُ عَلَى وجهها

N'fod, (ao. *o*), secouer. – *N'fod yddhou ala oudjhha*, il lui donna un soufflet.

نَفَع

N'fa, (ao. *a*), être utile à.

مَنْفَعَة , مَنَافِع

Menfaa, pl. *m'náfa*, chose utile, avantage, propriété.

أَنْفَقَ , (عَلَى)

'Nfoq, dépenser pour vivre, (suivi de *ala*).

نَفَقَة

N'faqa, dépense alimentaire, alimentation, dépenses.

مَنْقَبَة , مَنَاقِب

Menq'ba, pl. *m'náqob*, (inus.), bonnes actions.

إِنْفَضَّت , فَضَّى

Enq'det, 3ᵉ p. du prét. fém. sing. de la 7ᵉ f. de *q'det*.

نَفَل , نَفَّل ‖ إِنْتَفَل

N'qol, (ao. *o*) et *noqqol*, 2ᵉ f. transporter, transcrire, déménager. || *Ent'qol*, émigrer, décamper, se transporter.

نَقَلَ ، إِنْتَقَلَ

N'qom, (ao. *a*), et *ent'qom*, se venger.

نَقْمَة

Noqma, vengeance.

إِنْتِقَامٌ

Ent'qâm, nom d'act. 8ᵉ f. vengeance.

نُكْتَةٌ ـ نُكَتٌ

Nokta, pl. *n'ket*, plaisanterie; bon mot, saillie spirituelle.

نَكِرَ، أَنْكَرَ

N'ker, (ao. *a*), et *'nker*, 4ᵉ f. ignorer, nier, désapprouver, refuser.

نِلْتُ ـ نَالَ

Nalt, 1ʳᵉ et 2ᵉ p. du prétérit de *nál*, (ao. *a*).

نُمْرُو

Noumrou, numéro, (langue franque).

N'hab, (ao. *a, o*), dérober, piller, ravir.

نَهَرَ، نُهُورٌ، أَنْهَارُ

N'har, pl. *n'hour* et *'nhár*, rivière, fleuve.

نَهَارُ

N'hár, jour.

نَهَضَ

N'had, (ao. *a*), se lever.

نَوَائِبُ ، نَائِبَةً

Nouáyb, plur. de *náyba*, accidents, vicissitudes du sort, revers.

أَنَاخَ ، [بَرَّكَ]

Anák, 4ᵉ f. v. conc. [Alg. *berrek*], faire agenouiller un chameau.

نَارُ، نِيرَانُ

Nâr, s. fem., pl. *nyrán*, feu.

نُورٌ

Nour, lumière, clarté.

نَوْعُ ، أَنْوَاعَ

Noua, pl. *anouâa*, sorte, espèce, qualité.

نَاف ، [مطمط]

Náf, [Alg. *metmet*], joug à bœufs.

نَالَ ‖ نَاوَلَ ‖ تَنَاوَلَ

11.

Nâl, (ao. *o*), donner, gratifier. || *Nâoul*, 3e f. transmettre. 2. C. D. || *T'nâoul*, 6e f. se saisir, prendre.

نَالَ

Nâm, (ao. *a*, *o*), v. conc. dormir.

نَوْم

Noum, sommeil.

مَنَامٌ

M'nâm, sommeil, songe.

Nâl, (ao. *a*, *i*), obtenir.

نِي

Ny, pron. aff. 1re p. sing. me; (ne se place qu'après un verbe ou un mot régissant l'accusatif).

ه

ــــ

Hou et *hy*, (après un *kesra* ou un *ya*), pron. aff. 3e p. sing. masc. le, lui, de lui, etc.

هَا

Hâ, pron. aff. fém. sing. 3e p. la, elle, d'elle, etc.

هَا

Hâ, particule d'exclamat. çà! voici! voilà!

هِبَةٌ , [عَطِيَّةٌ] , (وهب)

Hyba, [Alg. *atyya*], don, cadeau, (de *ouhab*).

هَاتِى , أَعْطَى

Hâty, (litt.), pour *'aty*, impér. fém. donne, apporte.

هَارُون

Hâroun, Hâroun, Aaron, nom d'homme.

هَاهُنَا , [هِنَّا]

Hâh'na, [Alg. *henna*], ici.

أَهَبّ

Ahabb, v. s. 4e f. susciter, exciter.

هِجْرَةٌ

Hidjra, hégire, fuite du prophète à Médine.

مُهَاجِرٌ

Mohâdjer, part. act. 3e f. émigrant, moadjérien, c.-à-d. compagnon de fuite du prophète.

هَجَم

H'djem, (ao. *i*), envahir, faire irruption.

هَدَمْ

H'dem, (ao. *i*), abattre, démolir.

هَدَى ‖ هَادَى ، أَهْدَى

H'da, (ao. *i*), conduire la mariée, diriger dans la droite voie. ‖ *Háda*, 3° f. et *ahda*, 4° f. donner, faire cadeau, conduire la mariée.

هَدِيَّة

H'dya, cadeau, présent, victime de sacrifice.

هَذَا

Hadá, adj. démonst. sing. masc. ce, cet, celui-ci.

هَذَانِ ، هَذَيْنِ ، هَذَا

Hadán, et gén. et acc. *hadeyn*, duel de *hada*.

هَذِه ، هَذَا

Hadih, fém. de *hadá*, cette, celle-ci.

هَرَبْ

H'reb, fuir, s'échapper.

مَهْزَأَة

M'hazá, dérision, mystification.

هَزِيمَة

H'zyma, fuite, déroute.

هِشَام

H'châm, Hechâm, nom d'homme.

هَلَكَ

H'lek, (ao. *a, i*), périr.

هَلَاكْ

H'lâk, trépas, ruine, dépérissement.

هَلَمَّ ، هَلَمُّوا

Haloumm, (litt.), invar. et aussi *haloummou*, au pl. çà donc, venez!

هُمْ

Houm, pron. aff. 3° p. pl. du masc. les, eux, d'eux, etc.

هُمَا

Houmá, pron. aff. au duel, eux deux, d'eux deux, etc.

هَمَّ

Homm, v. s. penser, avoir dessein.

هِمَّة

Homma, manière de penser.

أَهَمّ

Ahamm, (litt.), comp. et superl. plus ou très-important, plus ou très-digne de réflexion.

هَمْزَة

Hamza, nom d'homme.

اهْمَل

H'mel, 4e f. (ao. *o, i*), négliger, ne pas s'occuper de.

هُنَّ

Hounna, (litt.), pron. aff. 3e p. fém. plur. les, elles, d'elles.

هَنَّأ

Henna, (ao. *i*), v. h. 2e f. féliciter.

هَنِيًّ ـ هَنِيًّا لَكَ

H'ny, (inus.), qui a bonne chance, salutaire. — *H'nyá lik*, (litt.), quelle chance pour toi!

هُوَّ

Houa, pron. pers. sing. lui.

هُوَلَاء , [هَذُوا]

Haoulái, (litt.), [Alg. *hadoù*], adj. démonst. ceux-ci, eux, ces.

أَهْوَن

Ahouen, comp. et superl. (litt.), plus ou très-commode, facile à supporter.

هِيَ

Hya, pron. personn. elle, (s'accorde avec les pluriels irréguliers).

هَيْئَة

Hya, forme extérieure, aspect, appareil.

هَيْهَات

Hayát, (litt.), exclamation exprimant l'horreur, l'éloignement; loin d'ici!

و

و

Ou, conj. et. — *Id.* adv. avec. (Ce mot est inséparable du mot qui le suit.)

وَا ـ وَا رَاسَاة

Oua, (litt.), interjection de douleur, ah! ouf! — *oua rásáh*, ah! la tête (c.-à-d. combien la tête me fait mal)!

وَاد , وَادِى [واد] أَوْدَاء ـ [ويدان]

Ouádyn, (indéterm.), et *ouády*, (déterm.), [Alg. *oued*], pl. (litt.) *aoudá'*, [Alg. *ouydán*], rivière, ruisseau, vallée.

وَإِيَّاكَ ـ وَ ـ إِيَّاكَ ـ إِيَّا

Ou'yyák, composé de *ou* et *ayyak*, pronom isolé représentant un complément. (Voir *ayya*).

وَبَأ

Oubá, mauvais air, peste, contagion.

وَثَبَ ، يَثِبُ ـ [يوثب]

Outseb, v. ass. ao. litt. *yatsib*, [aor. vulg. *youtseb*], assaillir.

وَجَبَ ، يَجِبُ ـ [يوجب]

Oudjeb, v. ass. ao. litt. *yadjib*, [ao. vulg. *youdjeb*], être nécessaire, indispensable.

وَجَدَ ، يَجِدُ ـ [يوجد]

Oudjed, v. ass. ao. litt. *yadjid*, (ao. vulg. *ioudjed*), trouver.

وَجَّهَ ‖ تَوَجَّهَ

Oudjdjah, v. ass. 2ᵉ f. diriger, conduire. ‖ *T'oudjdjah*, 5ᵉ f. se diriger, se tourner, partir, se rendre.

وَجْهَ ، وَجْوَة

Oudj'h, plur. *oudjouh*, visage, face, surface.

مُتَوَجِّه

M'toudjdjah, part. act. 5ᵉ f. se dirigeant, allant, se tournant.

وَحْدُ ـ اَلْحَمْدُ لِلَّه وَحْدَة

Ouḥad, unité, unique ; — suivi d'un affixe traduit nos adject. indéf. un, une, seul, seule. — *Elhamdou 'llah ouhadhou*, louange à Dieu l'unique (seul).

وَاحِدُ ، وَاحِدَةً

Ouáḥad, fém. *ouáḥda*, un, unique, seul.

وَدَّ

Oudd, (ao. *a*), v. s. aimer, chérir.

وَدَّ

Oudd, amitié, amour. — *Id.* nom d'homme.

مَوَدَّةِ

Moudda, amitié, amour.

وَدَعَ ‖ وَدَّعَ ‖ أَوْدَعَ

Ouda, (ao. *a*), v. ass. poser, laisser, permettre. ‖ *Oudda*, faire ses adieux. ‖ *Aouda*, (litt.), 4ᵉ f. mettre en dépôt.

وَدَاعَ

Oudáa, adieu.

وَدَائِعَ

Oudáya, s. pl. dépôts.

يُؤَدِّى ـ أَدَّى

Youddy, 3ᵉ p. de l'aor. masc. sing. de *edda*, v. h. 2ᵉ f.

وَرَاءٌ

Ourá', ce qui est derrière; pris adv. derrière.

وَرَثَ ، يَرِثُ ، [يُورِثُ]

Ourets, v. ass. aor. litt. *yarits*, [ao. vulg. *yourets*], hériter.

تَوَارَدَ

Touáred, v. ass. 6ᵉ f. se présenter tour à tour.

وَرَقٌ ، وَرَقَةٌ ، أَوْرَاقٌ

Ouorq, (coll.),—nom d'un. *ouorqa*, plur. *'ouráq*, feuille d'arbre ou de papier.

وَزِيرٌ ؛ وُزَرَاءُ

Ouzyr, pl. *ouzará'*, vizir, ministre.

وِزَارَةٌ

Ouzára, ministère, vizirat.

وَزَنَ ، يَزِنُ ـ [يُوزِن]

Ouzen, v. ass. ao. litt. *ya-zin*, [ao. vulg. *youzen*], peser.

وِسَادَةٌ ، وَسَائِدُ

Ousáda, pl. *ousáyd*, ou rég. fém. coussin.

وَسْطٌ

Oust, milieu.

وَاسِطَةٌ

Ouásta, moyen, intermédiaire.

وَسِعَ ، يَسَعُ ـ [يوسع] ‖ وَسَّعَ

Ousa, v. ass. ao. litt. *yasa*, [ao. vulg. *yousa*], être large, ample. ‖ *Oussa*, 2ᵉ f. élargir, rendre ample, abondant.

وَاسِعٌ

Ouása, ample, large.

وَسْقٌ

Ouosq, chargement, cargaison de navire.

وَسِيلَةٌ

Ousyla, intercession, mérite, grâce.

تَوَشَّحَ ، إِنْشَحَ

Touchchah et *ett'chah*, 8ᵉ f. (litt.) être revêtu, paré.

مَوَاشِى ، [مواش] مشى

Mouáchy, s. pl. [Alg. *mou-ách*], richesses, particulièrement en troupeaux. r. *m'cha*.

وَصَفَ ، [يوصف]

Ousof, v. ass. ao. litt. *ya-*

sif, [ao. vulg. *yousof*], décrire.

وصف

Ousof, description.

صفة

Sifa, description, forme.

موصوف

Mousouf, part. pass. décrit, vanté.

وصل ، يصل ، [يوصل] || أوصل || توصّل

Ousol, v. ass. ao. litt. *yasil*, [ao. vulg. *yousol*], arriver. || *'Ousol*, 4e f. faire arriver. || *T'oussol*, 5e f. arriver, se rendre.

صلة

Sila, (litt.), don, munificence.

وصول

Ousoul, arrivée.

وصّى ، أوصى

Oussa, v. ass. 2e f. recommander à, tester. || *'Ousa*, (litt.), 4e f. même signification, 2 C. D.

وصية

Oussyya, recommandation, ordre.

توضّأ

T'oudda, v. h. 5e f. faire ses ablutions.

وضع ، يضع ، [يوضع]

Ouda, v. ass. ao. litt. *yada*, [aor. vulg. *youda*], poser, colloquer.

وضع

Oud'a, action de placer, de colloquer.

موضع ، مواضع

Mouda, pl. *mouáda*, (n. de lieu), endroit, place, lieu, emploi.

موضوع

Moudoua, part. pass. placé, colloqué.

وطن ، أوطان

Outen, pl. *'oután*, district, arrondissement, contrée.

وعد ، يعد ، [يوعد]

Ouad, v. ass. ao. litt. *y'aïd*, [ao. vulg. *youad*], promettre à.

وفر ، يفر ، [يوفر]

Oufer, ao. litt. *yafir*, [ao. vulg. *youfer*], être abondant.

وافر

Ouâfer, part. act. abondant.

وُقُورٌ

Oufour, abondance.

وَقَّفَ ‖ إِتَّفَقَ

Ouffoq, v. ass. 2ᵉ f. seconder, favoriser. ‖ *Ett'faq*, être d'accord, se rencontrer.

إِتِّفَاقٌ

Ittifâq, nom d'act. 8ᵉ f. bon accord, concert, convention.

مُوَقِّفٌ

Mouffoq, part. act. 2ᵉ f. qui dispense les faveurs, qui seconde.

وَفَى ، يَفِي ، [يُوفِي]

Oufa, v. ass. et déf. ao. litt. *yafy*, [ao. vulg. *youfy*], acquitter, payer.

تَوَفَّى

Tououfya, v. ass. 5ᵉ f. voix pass. (litt.) mourir.

وَفَاءٌ

Oufâ', accomplissement, perfection, fin.

وَفَاةٌ

Oufâ', mort, décès.

وَفْتٌ ، أَوْفَاتٌ

Ouoqt, pl. *aouqât*, instant, circonstance, moment.

وَقَّر

Ouqqor, v. ass. 2ᵉ f. révérer, honorer.

وَقَعَ ، يَقَعُ ، [يُوقِعُ] أَوْقَعَ

Ouqa, v. ass. aor. litt. *yaqa*, [ao. vulg. *youqa*], arriver, survenir. ‖ *'Ouqa*, 4ᵉ f. faire échoir, faire arriver.

وَقْعَةٌ

Ouqaa, accident, événement.

وَقَفَ ، يَقِفُ ، [يُوقِفُ] ‖ أَوْقَفَ : [وقف]

Ouqof, ao. litt. *yaqif*, [ao. vulg. *youqof*], se lever, se tenir debout. ‖ *'Ouqof*, 4ᵉ f. et [vulg. *ouqqof*, 2ᵉ f.], faire tenir debout, arrêter, séquestrer.

وَاقِفٌ

Ouâqof, part. act. debout, se levant, se dressant.

أَوْقَافٌ

Aouqaf. s. pl biens immobilisés, habous.

وَفَى ـ يَفِي [يُوفِي]

Ouqa, v. ass. ao. litt. *yaqy* et [ao. vulg. *youqy*], garder, conserver, protéger.

إِنَّكَأَ ، وَكَأَ

Ett'ka, 8e f. de *ouka*, v. h. et déf. s'appuyer.

مُتَّكِى

Mett'ky, part. act. 8e f. appuyé, s'appuyant.

مَوْكِبٌ

Moukeb, cortége, suite, parade.

وَكَّلَ || تَوَكَّلَ ، إِتَّكَلَ

Oukkel, v. ass. 2e f. fier à, confier à. || *T'oukkel*, 5e f. et *ett'kel*, 8e f. se fier, s'appuyer, compter.

وَكِيلٌ ، وُكَلَاء

Oukyl, pl. *ouk'lâ*, oukyl, homme de confiance, procureur fondé.

وَلَدَ ، يَلِدُ ، [يولد]

Ouled, v. ass. ao. litt. *yalid*, [ao. vulg. *youled*], enfanter.

وَلَدٌ ، أَوْلَادٌ

Ouled, pl. *oulâd*, fils, enfant.

وَالِدٌ

Ouâled, part. act. enfantant; – *id.* subst. père.

وَالِدَةٌ

Ouâlda, part. act. fém., enfantant; – *id.* subst. mère.

وَالِدَانِ – وَالِدَيْنِ

Ouâldân, et gén. et acc. *ouâldeïn*, duel, deux qui enfantent; – *id.* pris subst. père et mère.

وِلَادَةٌ

Ouláda, enfantement.

وَلِيدٌ

Oulyd, petit enfant; – *id.* Oulyd, nom d'homme.

مَوْلُودٌ

Mouloud, part. pass. engendré, né.

أَوْلَمَ

'Oulem, 4e f. (litt.), préparer un festin.

وَلِيمَةٌ

Oulyma, festin.

وَلَى ، يَلِى || وَلَّى || تَوَلَّى

Oula, ao. litt. *yaly*, être proche, être ami, venir après. || *Oulla*, 2e f. nommer gouverneur, retourner. || *Toulla*, 5e f. être investi du gouvernement de.

وَالِى , وَالٍ , وُلَاةٌ

Ouâly et *ouâlin*, (indé-term.), pl. *oulâ*, ouali, préfet, gouverneur.

مَوْلًى , مَوَالِى

Moula, pl. *mouâly*, maître, possesseur, esclave affranchi.

وِلَايَةٌ

Oulâya, préfecture, gouvernement.

وَهَبَ , يَهَبُ , [يوهب]

Ouhab, **v.** ass. ao. litt. *yahab*, [ao. vulg. *youhab*], donner.

وَلِيَّةٌ , وَلَايَا

Oulyya, pl. *oulâya*, dame, matrone.

وهب

Ouhab, nom d'homme.

تَوْلِية

Toulya, investiture, nomination à un gouvernement.

هِبَةٌ , [عطِيَّة]

Hyba, [Alg. *atyya*], don.

أَوْلَى – أَوْلَى , أَوَّل

Aoula, compar. et superl. plus ou très-convenable, apte, proche : – *oula*, fém. de *aououel*, première.

مَوَاهِبُ , مَوْهَبُ , [عطيّات]

Mouâhab, pl. de *mouhab*, [Alg. *atyyât*], dons, cadeaux.

وَيْل , [بِه]

Oueïl, [Alg. *bouh !*], (interjection), ouf ! malheur à !

ى

ى

Y et *ya*, pron. aff. 1re p. sing. moi, de moi... etc.

يَتِيمٌ , أَيْتَامٌ

Ytym, pl. *'ytâm*, orphelin.

يَا

Yá, oh ! ô.

يَثِبُوا , وَثَبَ

Yatsibou, (litt.), 3e p. ao. masc. pl. de *outseb*.

يَتَّشِحُ , وشح

Yett'chah, 3e p. ao. de la 8e f. de *ouchah*.

يَثْرِبُ

Yatreb, ancien nom de Médine.

يَجِدُ - وجد

Yadjid, ao. litt. 3e p. sing. masc. de *oudjed*.

يَجِدَا - وجد

Yadjida, duel litt. 3e p. ao. de *oudjed*.

يَحْيَى

Yahya, nom d'homme.

يَدُ , [يَدّ] - يَدَانِ , يَدَيْنِ [يَدّين]

Yd et [Alg. *yddl*], main; - *yddn*, et *ydeyn*, [Alg. *yddyn*], duel de *yd*.

يَدَاهَا , [يَدّيها]

Yddha, [Alg. *yddyhá*], composé de *yd* au duel nominatif et de l'affixe féminin *ha*.

يَدْرِ - درى

Yadri, 3e p. sing. ao. litt. au condit. de *d'ra*.

يَدْنُوَان - دَنَا

Yadnouani, ao. duel 3e p. du verbe *d'ná*, (litt.).

يُدِيرُ - ادار

Youdyr, ao. sing. masc. de *'dár*, v. conc. à la 4e f.

يُرِدُّ - أَرَادَ

Y'ryd, ao. condit. 3e p. sing. de *'rád*, v. conc. 4e f.

يَرْضَ - رَضِى

Y'rda, ao. condit. 3e p. sing. de *r'da*, v. conc.

يَرَوْهُ , رَأَى - ةُ

Yarauhou, (litt.), composé de la 3e p. pl. de l'ao. condit. du verbe *rda* et de l'affixe *hou*.

يُرِيهِمْ - رَأَى - هُم

Yourihim, composé de la 3e p. sing. de l'ao. de la 4e f. du verbe *ráa* et de l'affixe *houm*.

يَزَلُّ - زَالَ

Y'zal, 3e p. ao. condit. de *zál*, (ao. *a*), v. c.

يَسِّرُ

Ysyr, peu abondant, exigu.

يسوع

Y'soua, Jésus.

يَضَعُ - وضع

Yada, ao. litt. 3e p. de *ouda*.

يَعْطِ - أَعْطَى

Yati, 3e p. ao. condit. de *'ata*, v. déf. 4e f.

يَاقُوتٌ

Yâqout, hyacinthe, sa-
phir, diamant en général.

يُقَالُ ـ قَالَ

Youqâl, ao. à la voix
pass. du verbe conc. *qâl*.

يَفِى ـ وفى

Yaqy, ao. litt. de *ouqa*,
v. ass. et déf.

يَكُنْ ـ كَانَ

Ykoun, ao. condit. de
kân.

يَلِى ـ وَلِى

Yaly, ao. litt. de *oula*, v.
ass. et déf.

يَمِنْ

Yaman, l'Yémen, nom
de pays.

يَهُودْ

Y'houd, (coll.), Juifs.

يَهُودِّى ، يَهُودِيَّةً

Y'houdy, fém. *yhoudyya*,
juif, juive.

طَا

Youh'na, Jean, n. d'hom

يُؤَدِّى ـ أَدَّى

Youddy, ao. de *eddâ*,
h. et déf. 2e f.

وصف

Yousef, nom d'homme,
Joseph.

يَوْم

Youm, pl. *yyem* jour

Youmân, duel, nom
(litt.), deux jours.

يَوْمَ ـ إِذْ

Youmid, (litt.), composé
de *youm* et *id*, en ce jour

أرى

Younâny, adj. rel. Grec.

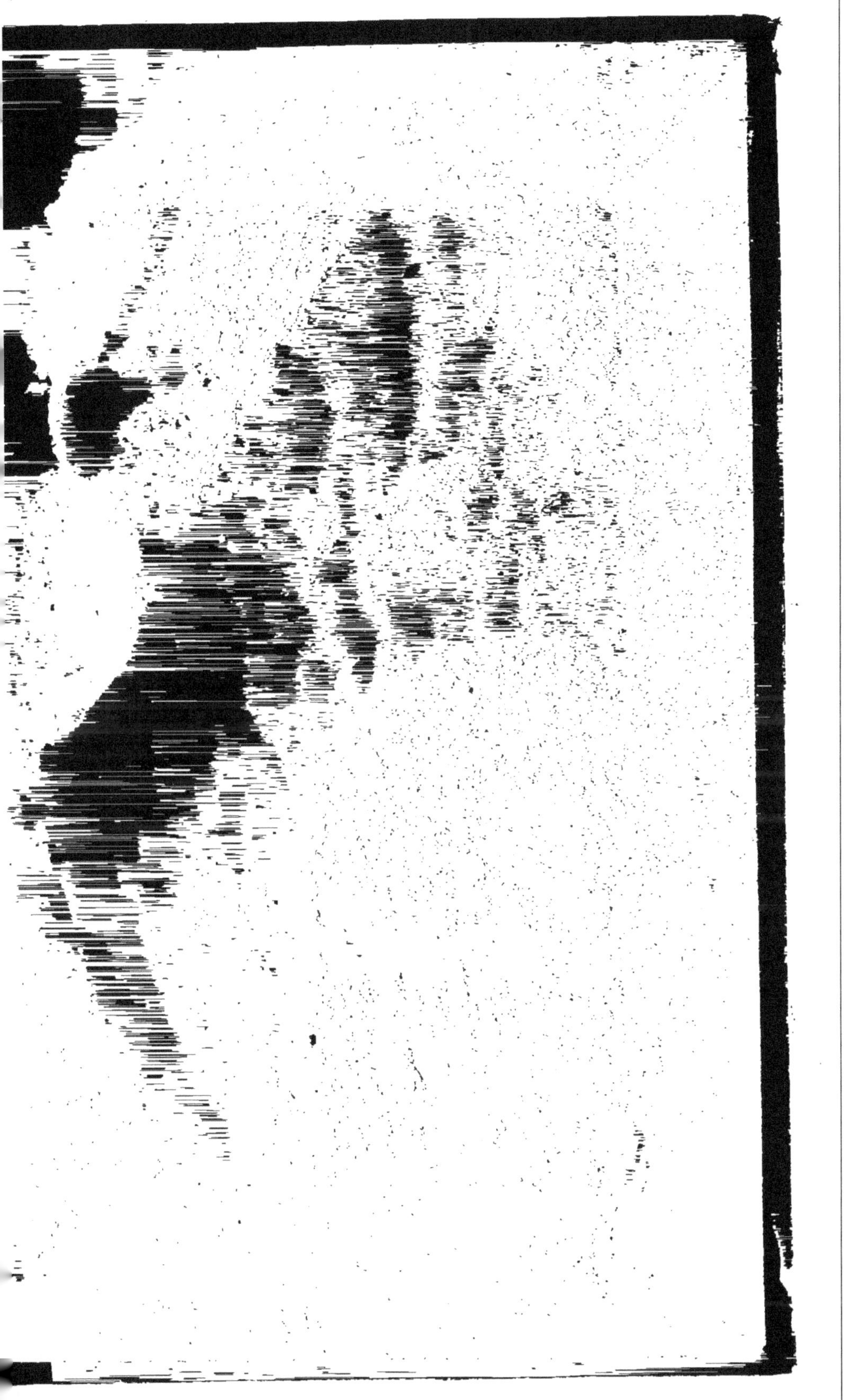

BIBLIOTHEQUE NATIONALE DE FRANCE
3 7531 02885397 7